老得漂亮有方法

高年期の生き方

著/三宅貴夫
譯/呂美女

記憶研究專家的
高效學習法

　　本書是拙作《高中生學習法》（註 A）的修訂版。

　　《高中生學習法》已出版十餘年。這期間，腦科學研究不斷進步，十幾年前無法解釋的事情，現在已經開始逐漸明朗。同時，書中有些內容甚至已經被明確證實是錯誤的。也就是說，《高中生學習法》這本書，僅十餘年就已落後於時代了。

　　此次修訂再版，我以最新的科學觀點，重新審閱了原有的內容和表述，在必要之處進行大刀闊斧的修訂與增補。最終，本書的適用範圍已不再僅限於大學入學考試，而是擴大到從高中考試到社會上的各種資格考、檢定考等。

　　如此一來，儘管本書保留了原版中與高中生交流的行文風格，但是書名還是做了些許更動。

　　在這裡，我想先明確表達一下自己的想法。十多年前出版的《高中生學習法》其內容已經過時，這一

註 A　日本永瀨出版社 2002 年 4 月出版。

點在當下是毫無疑問的。

但同時這也意味著，此次修訂的內容，在十年或者二十年後可能也會過時，說不定某些論述還會被證明是錯誤的。對於這個問題，我認為：所謂科學的進步，原本也正是需要不斷修正的。

科學就是假設的循環往復：建立假設，驗證這個假設——有時是進行反證——然後再建立新的假設。本書也正是基於這種科學認知寫就的。

科學家大都謹慎，對於無法確定的事便會閉口不談。從目前腦科學研究的水準來看，所謂的「科學學習法」，原本就是一種自我標榜的說法，為時尚早。

但是我認為，在科學成果實際應用之前，科學家一直採取保留的態度，也不過是其一種利己主義罷了。

蒐集完整的科學證據可能需要數十年，如果在這期間只能耐心等待，那麼很多人就可能錯失自己人生中的機會。所以，最大限度地應用當下已經證實的科學知識，去嘗試尋求解決問題的策略，這又有何不可呢？

本書就是秉持這種信念創作的，因此希望各位讀者不要將此書奉為「絕對真理」，而是將它看作「記憶研究專家池谷裕二的私人學習法」。

為了完成這本書，我竭盡全力地綜合了專業領域多方面

的資訊。「資訊」的關鍵在於時效性和準確性，而這兩者往往如同魚與熊掌，不可兼得。因此，我在寫作時很是費了一番心思，才在腦科學研究百年傳承的經典知識，和最新的研究之間，尋得了一個良好的平衡點。

說起來，大家知道記憶在大腦中是如何形成的，又保存於何處嗎？不了解腦的機制就去學習，相當於不知道體育運動的規則就去埋頭苦練，註定事倍功半；而理解運動的規則後再去進行相關的訓練，則能提高效率，進步神速。

學習也是如此。要想研究高效率的學習方法，首要之事是理解大腦規則（在當前的腦科學研究範圍內）。然後，在學習中注意不去違背大腦規則，並靈活利用大腦規則。

此外，針對「學習方法」領域中，廣為流傳的一些「傳言」和「迷信」，本書也從腦科學的角度進行了真偽考察。為此，書中將先向讀者講解記憶究竟是什麼，並說明其機制、原理，然後在此基礎上考察鍛鍊記憶力的方法。

這裡所說的「學習」，並不局限於學校裡的課業。一旦掌握了高效的學習方法，就可以將之應用在日常生活的各方面。也就是說，本書所介紹的各種技巧，應該能夠讓各位讀者在日後的工作和學習中受益。若真的能夠對大家在發掘大腦的潛能、實現自我等方面有些許幫助，我將深感榮幸。

腦心理學專欄

經驗談

記憶究竟是什麼？

第 1 章

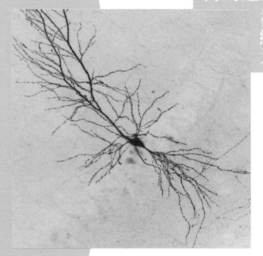

海馬迴的　神經元

1-1　能力只能用考試檢測嗎？

▷ 為何記憶有差距？

　　「記憶」是一種不可思議的奇妙能力。它究竟深藏於大腦何處，又是以什麼形式存在呢？在學校中，如果老師想知道學生是否已經掌握課堂知識，僅靠眼睛來打量、觀察，是無從判斷的。畢竟記憶有別於筆記或備忘錄，並非肉眼可見的有形之物。

　　面對這種情況，「考試」便應運而生。老師在確認自己講授得當、沒有遺漏的前提下，會自信滿滿地設計題目來舉行測驗。如果考試的結果不理想，那麼就可以依此判斷學生尚未有效吸收相關知識。同時，對於未能完成學習義務的少部分人，也會將其貼上「成績差」的標籤。

　　但是，考場上屢屢出現這樣的狀況：題目會做，可是時間不夠用；一些知識有印象，卻怎麼也想不起來；在交卷的一瞬間，原本模糊的內容便清晰地出現在腦海中等等。如果發生了上述情形，即便是認真複習的人，也會和完全沒有記住任何知識的人一樣得低分。之前為考試付出的各種努力隨

之東流不說，還會被視為「偷懶」、「不用功」。這其中的委屈與悔恨實在無以言表。

因此，對於參加考試的人來說，提前預測重點並據此進行複習和訓練，就成為應對大小測驗的最佳策略。

但是話說回來，看不見也摸不著的「知識」，一定要透過考試才能確認其存在嗎？比如，可不可以不考試，改用幫大腦拍照的方式，來判斷知識的有無呢？再進一步說，有沒有更簡單、更可靠的方法，能確定某人「頭腦清晰」或「記憶力超群」呢？

▶▷ 記憶是什麼？

實際上，經由現代的腦科學研究，這種近乎「魔法」的事，已經能夠在某種程度上實現了。大家都知道，腦存在於頭部，打開頭蓋骨就可以看到。毫無疑問，「記憶」這種東西，也存在於腦中的某個地方。不過，倘若記憶是固體或者液體，那尋找它便如探囊取物。遺憾的是，其既非固體也非液體，因此尋找記憶這項研究，也是醫學界最難被攻陷的「堡壘」。

電腦的「記憶」是使用磁性原理的硬碟來儲存資訊，音樂 CD 則是利用可以反射雷射的細小凹洞來記錄資訊。同樣

的，人類的「記憶」也是以某種物理形式存在於大腦中。若非如此，大腦便無法記憶。

記憶的形成，意味著資訊在大腦中已留下「痕跡」。所以，只要對腦進行適當處理，就可以實際「看到」這些痕跡。其實，我的研究室已經成功觀察到上述情況，甚至還看到了一部分無法透過考試來確認的「潛在記憶」。

1-2 神經元「創造」出的大腦

▷ 認識「神經迴路」

腦科學中對「記憶」的描述如下：

記憶是將神經迴路的動力學（dynamics）現象轉化為一定規則，在突觸重疊的空間中，根據讀取的外部時空資訊，形成一種內部資訊表達的過程。

看到這種表述，恐怕一般讀者都會一頭霧水，毫無頭緒。簡單來說，記憶的「真相」就是「新神經迴路的形成」。

這裡出現一個名詞——神經迴路。有一種說法認為，大腦中存在 1,000 億個神經元（意外的是，我們現在仍然無法獲知大腦中神經元的正確數字）。每一個神經元都透過「神經纖維」，分別與其他一萬個神經元相連，這種由神經元之間相互連接構成的系統就是「神經迴路」。

我們可以把上述關係想像成如下情況，即眾多住宅（神經元）透過密集的道路（神經纖維）相連，形成了城市（神經迴

路）。

　　與道路網密布的城市類似，腦也是由神經迴路這種「網路」構成的。在這張網路上，「神經訊號」來回奔走、傳遞，協助腦處理各種資訊。這與電腦使用電訊號進行運算的過程非常相似。

▶ 人腦與電腦的記憶模式

　　電腦由複雜的積體電路構成。精巧的電腦程式，可以創造出電訊號的「道路」。例如加法的計算，程式可以構建出「從這邊出發向那邊走，然後在某處拐彎」的進程。當電流按照程式設定的路線流動時，電腦就能得出加法運算的結果。

　　資料在電路中會被轉化為單純的數位訊號，即用 1 和 0 來表示電荷的有無，並以這種形式來進行保存和讀取。不只是加法，無論多麼複雜的運算，甚至連聲音、影像等資訊，也都是基於有或無的二進位來處理。實際上，大腦的記憶及其處理方式與此類似，使用的也是數位訊號。

　　為了更容易理解，請大家將神經網路想像成一張方格紙，把神經纖維想像成方格紙上橫豎排列的方格。如果我們在整張紙上塗塗寫寫，從遠處便能夠看清方格紙上到底畫了或寫了什麼，但是在近處，就只能看到「塗滿的方格」和「沒有塗滿的

方格」而已。這就是二進位，人腦和電腦運行機制的共同點正
在於此。

（實際是這樣的）

1-3 記住與忘記

▶ 短期記憶與長期記憶

在此，我以電腦的 RAM（random access memory，隨機存取記憶體）和硬碟之間的關係為例，講解與其類似的、大腦的「短期記憶」和「長期記憶」之間的關係。

電腦的資料長期保存在硬碟中，硬碟甚至可以儲存幾百、幾千本百科全書的內容。然而，僅將資料保存起來，對於電腦而言是沒有價值的。如何使用儲存的資訊，才能發揮其作為「電腦」的作用。

為了讓電腦能夠處理儲存的資訊，RAM 就該出場亮相了。它是一處臨時保存資訊的場所，相當於大腦的短期記憶。電腦只能處理調入 RAM 的訊息，若其想要讀取資訊時，就需要將硬碟中的訊息調入 RAM；反過來，如果電腦想要保存資訊，也要先經由 RAM 再將其儲存在硬碟上。總之，RAM 就相當於一座連接電腦內部與外部的「橋梁」。

其實，大家的腦中也存在類似的情況。無論是從長期記憶裡調取資訊，還是往長期記憶裡保存資訊，都需要一個臨

時儲存的場所，這就是短期記憶。一般來說，要想讓記憶長期保存在大腦中，都要先通過短期記憶這一關。

▷ 短期記憶代表「很快忘記」

短期記憶有一個小缺點，就是容量比較少，不能同時保存太多的資訊，即使保存下來也會很快忘記（所以才叫「短期記憶」）。

舉例來說，我們為了吃泡麵燒了一壺水，等待水開的過程中，接到朋友打來的電話。這時，如果我們和朋友聊得非常開心，就很有可能忘記正在燒水這件事。這是因為「燒水」只是短期記憶。電腦的運行原理也與之類似。如果在保存之前就關閉檔案，那麼寫好的檔案就會丟失，只能重寫。這是因為檔案只保存在 RAM 中，而非硬碟裡，它和短期記憶一樣，很快就會被「忘記」。

▷ 短期記憶也要有章法才能記住

因此，要想形成長期記憶，關鍵就在於如何利用短期記憶。存檔時應該認真建立檔名，並做好分類整理工作，如果缺少這些步驟，那麼在需要時，就無法迅速地找到資料。這就像

我們的腦中明明儲存著相關的知識，但在考試時卻怎麼都想不起來那樣，真是一場悲劇。

如果只是把物品胡亂地堆在倉庫，倉庫裡就會變得雜亂無章。與其說是倉庫，還不如說是垃圾場。同理，如果毫無章法地記憶知識，我們的腦也會變成這種狀態。

本書就是從這樣的觀點出發，思考如何能夠有效地吸收知識。為此，我提出的第一個關鍵字就是「海馬迴」，它是談及「記憶」時不可或缺的重點。

色彩心理學①

大家的書房是什麼顏色的背景呢？各位是否知道「顏色」對大腦機能有著很大的影響呢？

舉例來說，速食店的招牌和店內裝潢大多以紅色為基調，這是因為紅色最能促進人的食慾。究其原因，可能是因為人類在演化過程中，還殘留著野生肉食動物的天性吧，所以速食店採用紅色色調，希望能吸引到更多客人。

與此相對，人在吃飽後最厭惡的顏色也是紅色，所以用餐結束的客人在紅色為基底的速食店裡，就會感覺不舒服，因此很快便會離開。這樣一來，速食店的翻桌率就提升了。

像這樣研究顏色和人類心理間關係的學科就叫做「色彩心理學」。

曾經有一位色彩心理學研究者，研究了運動服顏色對選手的影響（註 1-1）。他針對拳擊和角力分為紅、藍兩方進行對戰的競技運動，分別調查了雙方的獲勝率。

註 1-1　Hill, R. A. & Barton, R. A. Red enhances human performance in contests. *Nature* 435, 293 (2005).

調查結果顯示，當兩位實力相當的選手進行比賽時，紅方選手的獲勝率為 62％，而藍方選手的獲勝率為 38％。由此可見，僅僅因為穿了紅色的運動服，紅方選手的獲勝率就是對手的 1.5 倍以上。根據這些資料我們可以看到，顏色給人帶來的影響是不容忽視的。

那麼，顏色對於學習又有哪些影響呢？我們將在下一個腦心理學專欄中討論這個問題。

1-4 認識海馬迴

▷ 長期記憶的「守門員」

現在我們已經知道，大腦中存在長期記憶和短期記憶。

保存長期記憶的部位叫作「大腦皮質」，它相當於人腦的「硬碟」，可以長存我們已經記住的知識。

目前，我們還無法準確得知人腦「硬碟」的容量。不過有研究人員推測，如果我們把迄今為止所見、所聞、所感的全部資訊，都鉅細靡遺地裝進大腦皮質裡，那麼它在幾分鐘內，就會因為超載而失去機能。

讀到這裡，大家也許會想：「啊？人腦的儲存量那麼小嗎？」其實並非如此，這裡真正值得我們感慨的是：「原來平時進入大腦的資訊這麼多啊！」大腦將所有資訊都記住是不可能的，也是完全沒有必要的。

人腦不同於電腦，無法透過增加記憶體來擴充容量。因此，為了靈活運用有限的儲存空間，便會根據資訊的價值，將其分成「必要」和「非必要」，如同法官判決一般，**只有被腦判定為「必要」的資訊，才會被運送到大腦皮質內長期保存。**

海馬迴和大腦皮質

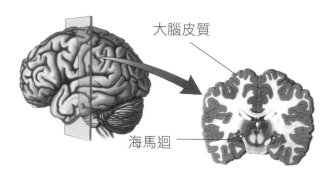

大腦皮質

海馬迴

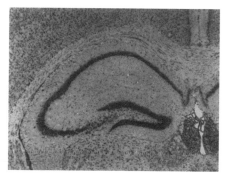

海馬迴的剖面圖

　　那麼，具體判斷資訊是否必要的「守門員」又是誰呢？它就是大腦中的海馬迴。

　　海馬迴是大腦的一個重要功能區，大約位於耳朵深處的大腦部位。直徑約 1 公分，長度略小於 5 公分，形狀類似香蕉，

也像微微彎曲的小指。「海馬迴」中的「海馬」二字，指的就是海洋生物海馬。至於為什麼將此功能區命名為海馬迴，其緣由眾說紛紜，誰也不能確定到底哪種說法是正確的。

只有被海馬迴判定為「必要」的資訊，才會順利通過「關卡」，獲得成為長期記憶的資格。通常來說，這樣的審查最短也需要一個月，而且標準非常嚴格，除了極個別的情況以外，一般不會一次性通過。

▶ 海馬迴的審查標準

什麼樣的資訊比較能通過海馬迴的審查呢？是明天要考的英文單字，還是古羅馬皇帝的名字呢？很可惜，這些都不是。**海馬迴的審查標準是「該資訊對生存而言，是否不可或缺」。**

對於考試迫在眉睫卻記不住英文單字的我們來說，這幾個ABCD比任何資訊都重要。但海馬迴可不這麼認為，只會殘酷地裁斷為：「一兩個英文單字記不住不會導致生命危險，所以不予通過。」進而不會授予它們從短期記憶複製到長期記憶的許可證。實際上，那些大家在學校裡必須記住的知識，基本上都不會被海馬迴判定為「對生存不可或缺的資訊」。

這其實也是理所當然的。請大家仔細地想一想，諸如「吃了腐敗變質的食物會引起食物中毒」「石頭砸向腦袋時，如果

不避開就會受傷」這類經驗，和「蘇格拉底於西元前 399 年去世」這類教科書上的知識相比，哪些才是關乎性命的重要資訊呢？

　　人本身也是動物，有著生存的本能。對於動物來說，所謂「學習」就是指牢記在險境中獲得的經驗，以避免再次遇到同樣的危險，進而越來越適應周圍環境的過程。

色彩心理學②

　　我們在上一個專欄中提到過，在體育賽事裡，紅色對運動員有更加積極的影響。不過比起運動，想必大家更感興趣的是，顏色會對學習產生什麼樣的影響吧。其實，我們透過智力測驗就可以明確這一點。（註1-2）

　　在測驗中，我們不改變試題內容，只是把試題本的封面換成紅、藍、綠、黑等不同顏色。令人驚訝的是，最終只有拿到紅色封面試題本的答題者群體分數明顯下降。其中，程度最輕者分數至少下降了10%，嚴重者則下降了30%。

　　紅色對答題者的影響，不僅表現在顯眼的封面上，就連答題欄的邊框、試卷上某個角落的標記等輕微紅色元素，也會造成答題者分數的下降。這樣看起來，紅色似乎具有降低IQ的效果。

　　紅色明明能在運動領域發揮積極作用，但為什麼會讓考試成績變差呢？這真是不可思議。關於此一謎題，也許下面的實驗可以幫助我們找到答案。

註1-2　Maier, M. A. Elliot, A, J. & Lichtenfeld, S. Mediation of the negative effect of red on intellectual performance. *Pers Soc Psychol Bull* 34, 1530-1540 (2008).

首先要準備兩道選擇題，一道比較簡單，另一道比較難。答題者可以自行選擇其中一題作答，且會被告知，不管他選哪一個，都不會對其利益產生影響。當答題者基於這樣公平的前提進行選擇時，不知為何，一旦紅色元素進入答題者的視野，那麼最終選擇簡單問題的人數就會增加。

　　實際上，紅色能削弱答題者挑戰難題的勇氣，而前面提到的「IQ 下降」，也能用這一點來說明。智力測驗中的題目非常多，答題者很難在規定時間內全部答完。要想取得更高的分數，必須有不到最後絕不放棄的決心。與其說紅色降低了答題者的智力，不如說它削弱了答題者不斷挑戰難題的信心，從而導致了分數下降。

　　智力測驗創始人之一的阿爾弗雷德‧比奈（Alfred Binet）認為，智力的三大核心要素是「邏輯能力」（數學）、「語言能力」（語文）和「熱情」，然而人們卻往往將「熱情」拋之腦後。所幸智力測驗設計者有考慮到這一點，力求能在檢測智力的同時也反映被測試者的熱情。

　　基於上述事實，讓我們再來重新思考一下，顏色對體育賽事的影響吧。我在前文中提到過，選手穿紅色運動服時獲勝率會上升。請大家想像一下，當我們身穿紅色運動服時，能看到更多紅

色的是我們自己還是對手呢？沒錯，正是對手。換句話說，紅色的運動服能讓對手畏怯，進而使我方處於優勢。

因此，我也儘量不讓自己的書房內出現紅色。

那麼，書房該使用何種色調會比較好呢？遺憾的是，目前還無從得知哪種顏色能提高智力。就我個人而言，因為覺得綠色具有讓人平心靜氣、提高注意力的效果，所以會在書房中使用很多讓人能聯想到大自然的綠色。另外，我也會在學習的空檔去公園或河邊散散步，做一個小小的「綠色森林浴」。

1-5 加油，海馬迴！

▷ 大腦本來就更擅長「忘記」

海馬迴以「是否有利於生存」為依據，對所獲資訊進行判斷、取捨。諸如在毫無生命危險的教室裡學習等行為，與人類的生存相比，簡直算是無關痛癢的事。說不定它就是像人們常說的「左耳進右耳出」那樣，一刻不停地從大腦中刪除資訊吧。

大腦大約會消耗人體總能量的 20％，但其重量只占不到人體體重的 2％。可見從每單位所需能耗來看，它是個不折不扣的耗能大戶。

為了將必要資訊儲存到長期記憶中，消耗能量也是理所當然的，假使一些非必要資訊也存到大腦裡，這就是對能量的浪費。如此一來，我們又可以把海馬迴看作是一個節能主義者，它也是為了節約能量，而不允許無用資訊通過的好幫手。

所以，某種程度上，我們無法改變「根本記不住」這種讓人發愁的狀況，因為相對於「記住」，大腦本來就更擅長「忘記」。

從腦科學的角度而言，**「怎麼都記不住」是極其自然的。**

即使忘記了好不容易才記住的資訊，我們也完全沒必要耿耿於懷，因為不是只有我們特別容易忘記，所有人都是這樣的。

漫天陰雨，不會只傾注到一個人的生活中。（註 1-3）
——朗費羅（詩人）

話雖這麼說，但是對於普通人而言，無論是在課堂上答不出問題的尷尬還是考試落榜，都和食物中毒一樣讓人感到痛苦。很可惜的是，我們身為「雇主」，卻得不到海馬迴的特殊照顧，因為它不會按照我們的意願而「隨機應變」。

為什麼會這樣呢？我個人認為原因在於其尚未演化完全。哺乳類動物出現後，海馬迴才演變成現在的形態。無論怎麼推算，迄今為止，海馬迴的演化時間也只有 2 億 5 千年左右。縱觀人類的演化歷史，人類高度文明的起點則與現在的時間更接近，最多也就是一萬年前的事。

生物演化的時間單位通常為幾百萬年甚至幾億年。若要與急速發展的人類文明相匹配，海馬迴的演化歷史還太短了。

註 1-3　出自朗費羅（Henry W. Longfellow）的《雨天》，原文為 "Thy fate is the common fate of all, Into each life some rain must fall."（你的命運是大眾共同的命運，人人生活裡都會有無情的雨點。）文中這句在日本流傳比較廣的名言是日文意譯的版本。——譯者註

▶ 「欺騙」海馬迴的方法

那麼，要想讓尚未演化完全的海馬迴，將學校學到的知識劃分為必要資訊，到底該怎麼做呢？想必這才是大家目前最想知道的事情吧。

方法只有一個，那就是「欺騙」海馬迴。 話雖這麼說，但是大家要知道，這個守門員可是無論我們怎麼賄賂、苦苦哀求，都不會有絲毫動搖的。

要想讓海馬迴將資訊判斷為必要，我們要盡可能地傾注全部的熱情和誠意，持續不斷地把資訊傳送過去。這樣一來，海馬迴就會產生一種「如此鍥而不捨地傳送過來一定是必要資訊」的錯覺，進而允許資訊通過「關卡」，進入大腦皮質。

日本自古流傳一句話：「學習就是要反覆地訓練。」從腦科學的角度來看，事實的確如此。即使我們忘了學過的東西，也不要因此而感到氣餒，只需在必要時重新記憶一次就可以了。若是再次忘記也無須自責，請打起精神再記一次吧。像這樣反覆進行記憶，才能將知識保留在腦中。

但是，將來我們還是會忘掉費了這麼大的勁才掌握住的知識，這該如何是好呢？答案還是一樣的：重新再記憶就可以了。除此之外別無他法，因為人腦的設計機制，本來就是為了能夠盡快忘記大量資訊。

也就是說，成績好的人其實都在這樣努力著：即使面對一次又一次的遺忘也毫不放棄，仍然反反覆覆地將資訊送往海馬迴。

▶ 大腦的機制：不重要就不保留

也許大家被本書書名中的「考試」二字所吸引，高興地認為讀完這本書就能輕鬆提高成績。那麼在看到上述結論後，有的人可能瞬間就失望了吧。大家總是對考試抱持一種抵觸的態度，甚至還有人可能這樣想過：「為什麼人腦不能像電腦那樣，只要保存一次就永遠都不會忘記呢？」

請大家試著想一想。人腦善於遺忘的原因，或許可以認為是腦的儲存量太小。但從本質上說，如果人記住的每一條資訊都無法忘記，那還能正常生活下去嗎？

曾經有一位記憶力超群的「超憶症」患者——從在馬路上與其擦肩而過的陌生人，到放置在路邊的自行車，他能記住自早上起床開始一天中看到的所有事物。也許我們很羨慕他具有這樣超凡的記憶力，但實際上，這種能力會讓生活變得非常不方便。

每當晚上準備睡覺時，白天見到的種種情景，就會在他的腦海中一一浮現。這種不會忘記的能力，讓那些場景彷彿又一

次清晰地展現在眼前，以至於妨礙了他的思考。漸漸地，他開始分不清現實與想像，迷失在幻覺的世界中。他拚命地想要消除自己的記憶，卻最終罹患了精神官能症（neurosis）（註1-4）。

如何？這樣看來，我們不費吹灰之力就能忘記獲取的資訊，是否也是一種幸福呢？**無論我們喜不喜歡、願不願意，大腦都會慢慢忘記這些記憶。其實，我們應該感謝大腦具有**

註1-4　主要表現為焦慮、憂鬱、恐懼、強迫、疑病症狀或神經衰弱症狀的精神障礙。——編者注

這種「不重要就不保留」的謹慎設計。

而對於考試這種無論如何都要記住所學知識，否則就會落榜的情況，解決辦法就只有一個了，那就是透過反覆複習以騙過我們的大腦。這是最重要的法則。

最容易欺騙的人，其實是自己。
——布林沃‧利頓（Bulwer-Lytton，英國政治家）

因此從現在開始，本書的焦點將放到「怎樣做才能有效提高反覆訓練的效率」這一問題上。

▷ 解鎖「高效學習」的鑰匙

「欺騙大腦」說起來簡單，但在實踐過程中還需要運用一些技巧，而這些技巧也正是高效學習法的祕訣所在。那些掌握了技巧、擅長欺騙海馬迴的「詐騙高手」，通常就會被大家稱為「聰明人」。

接下來，本書會一邊講解人腦的原理，一邊向大家傳授這些技巧。怎麼樣，做好心理準備了嗎？下面，就讓我們從記憶的生理學開始講起吧。

經驗談 01

選擇高一時學過的科目對大學入學考試不利？

　　我現在很煩惱，不知道要不要選擇高一學過的生物，來作為大學入學考試的理科應考科目（註 1-5）。我之前覺得，也許選擇已經掌握了整體知識框架的科目會比較有利，而且當時參加期中、期末考試時，即便考前臨陣磨槍，生物也總能取得不錯的成績。

　　但是升上高三後我參加了生物模擬考試，總分 100 分竟然只拿到 37 分。那些生物名詞被我忘得一乾二淨，好像我從來沒有學過一樣。這樣看來，高二時學的化學現在還有點印象，高三時學的物理到了大考時應該也不會忘記，那麼選擇高一時學習過的科目是不是反而不利了呢？

　　現在想一想真是有些後悔，當初應該把高一那年的期中、期末考卷都留著，時不時拿出來複習一下就好了。那些我原本以為已經記住的內容，沒想到兩年過後，還真是消失得無影無蹤了。（高三・神奈川）

註 1-5　在日本，參加大學入學考試的考生需要從物理、化學、生物、地理學四門學科中，選擇兩門作為理科綜合的考試科目。——譯者註

作者之見

　　類似這樣的案例，其實基本上都和諮詢者自身的學習態度有關。誠然，人的記憶（特別是和考試相關的知識）的確會隨著時間的推移而逐漸消失，但如果從腦科學的角度來看，曾經被牢記的資訊（也就是「印刻」在大腦皮質中的長期記憶），會無意識地儲存在大腦某處，所以若從現在開始再次學習，應該能比初學時更容易地回想起知識點，學起來也更加輕鬆。因此，我們不能斷言大考時選擇高三學過的科目，就一定比選擇高一時學過的科目有利。

　　總之我認為，是否選擇生物作為考試科目，關鍵要看高一時你在學習生物這門課程上下了多少功夫。如果你覺得「我已經掌握了整體的知識框架，選擇它比較有利」，那麼生物確實是個不錯的選擇；但是，假使當時你只達到了「臨陣磨槍」的程度，那麼恐怕沒有真正掌握那些知識，所以還是選擇最近學過的物理比較妥當。

　　另外，我建議這位同學了解一下人腦的記憶恢復現象（reminiscence）。所謂記憶恢復現象，是指相對於剛剛學習的新知識，沉睡於大腦某處的知識反而更容易被利用的現象。關於這部分的詳細情況請參考本書第 4 章。

第 **2** 章

「欺騙」大腦的方法

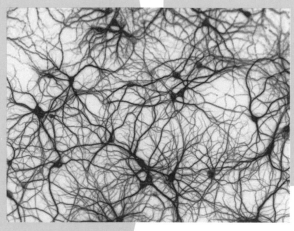

培養皿中的神經元
所塑造出的神經迴路

2-1 無論是誰都會忘記

▷ 大腦遺忘的速度：關於「遺忘曲線」

本章我將講解記憶被保存在大腦後，會面臨怎樣的命運，了解此一過程能為順利「欺騙」大腦打下基礎。第1章中我曾提到，人腦的設計機制，本來就是要忘記多餘的資訊。在此就請大家一邊參與下面的實驗一邊思考：人腦究竟是以怎樣的速度忘記資訊的呢？

這個實驗是德國心理學家艾賓浩斯（Hermann Ebbinghaus），在一百多年以前就做過的著名研究。首先，請大家背誦以下幾組由 3 個字母組成的音節。

（YUM）（KOS）（KES）（TOH）（SOB）
（BEX）（TAR）（KUW）（MIY）（JAS）

雖然這 10 組音節完全沒有任何意義，但是也請大家認真背誦，我們會在之後進行測試。

在背誦時麻煩注意兩點：第一是不要使用諧音記憶等方法，而是將其死記硬背下來；第二是從記住這些音節到測試開始的期間，絕對不要複習。這是一個關於「忘記」的實驗，

如果做不到以上兩點，我們就無法看到「忘記」的真面目。

那麼，我們對這10組音節的記憶能夠維持多長時間呢？也許大家會產生「我真是不擅長背東西啊」「記憶力好的人，肯定能很輕鬆地就記得久吧」等想法，然而實驗結果卻顯示，忘記音節的速度並不是因人而異的。**無論是誰都會以大致相同的速度遺忘資訊，而且「忘記」這件事並不會以人的意志為轉移**。無論如何祈求，記住的資訊也還是會在某一時間被我們遺忘，甚至當我們想要儘早忘記某些事情時也不能如願以償。

在此實驗中，我們將以「遺忘曲線」直觀地呈現音節是以怎樣的速度被忘記的。

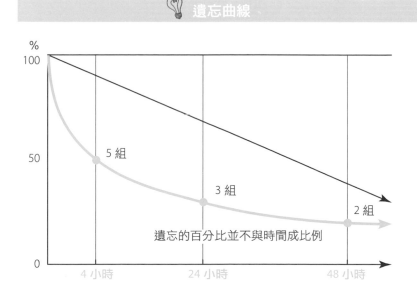
遺忘曲線

▷ 吸收資訊 4 小時內會忘記一大半

請仔細觀察這條曲線。它並不是一次函數，這表明大腦並不是均速忘記資訊的。另外由圖可知，最容易忘記的時間，恰巧是剛剛記住的時候——即吸收資訊後的 4 小時內，我們會一口氣忘記大約一半的內容。但在此之後，剩餘的記憶卻能維持較長時間，它們是逐漸被忘記的。

就這個實驗的平均成績來說，參加者在牢記 10 組音節的 4 小時後，普遍只能想起其中的 5 組左右。此後忘記的速度逐漸減慢，24 小時後再次進行測試，參加者一般還能記得 3 ～ 4 組音節，48 小時後則為 2 ～ 3 組。

所以，**當考試迫在眉睫時，與其前一天晚上徹夜苦讀、臨時抱佛腳，還不如當天早起努力，這樣到考試時記住的東西可能還會更多一** 些。根據遺忘曲線可知，如果不是考試前 4 小時以內記住的內容，那麼在考試開始時就已經忘掉一大半了。但是，我並不建議大家在即將考試時，才把知識狂塞進腦中，理由會在稍後說明。

▷ 「忘記」這件事並不會因人而異

話說回來，大家在前面的實驗中取得的成績如何呢？

由於很難嚴格地按照要求進行實驗，所以大家的測試結果，說不定會和遺忘曲線存在差異。如果你的成績比這條遺忘曲線上顯示的要好，那麼你可能不是只靠死記硬背去記憶這些音節，也許是因為它們對你來說有特別的意義。不過，這個實驗測試的僅僅是對無意義音節的記憶效果。相反地，如果成績比這條遺忘曲線上顯示的要差，那麼有可能是你從一開始就沒有認真背誦，或者是記憶被干擾了。接下來，我會為大家詳細講解記憶的干擾，但無論如何都請記住：「忘記」這件事並不會因人而異。

組塊化

雖然有些突然，但請大家先試著記住下面這 9 個數字。

853972641

接下來，請在 30 秒後，檢查一下自己是否還能記起這串數字。如果不借助諧音記憶等方法，想要記住類似這種沒有任何意義的數字，還是挺難的吧？但是，如果像電話號碼一樣，在數字中間加入連字號，那麼這組數字就會變成如下形式。

853 - 972 - 641

這樣記起來就容易多了。將所得資訊劃分為多個小組以便於記憶，這樣的方法就叫作「組塊化」，它也是一種非常重要的學習方法。

例如在背誦英文片語時，如果零零散散地記憶，效率是很低的。不如試著將片語分類整理，譬如將 get at、get out、get over、get up 這樣都帶有「get」的片語分成一組，或者是將 get at、arrive at、look at、stay at 這樣都帶有「at」的片語分成一組來背誦會比較有效。

另外，有些人會因為馬虎而出現計算錯誤，導致在考試時丟

掉分數。其實,越是經常出現計算錯誤的人,其筆算過程也越是雜亂無章。請大家記住,對於學習來說,將知識和資訊進行分類整理,是學習過程中一個非常重要的步驟。

2-2 好方法？壞方法？

▷ 記憶為什麼消失這麼快？

雖然我在前文提到過，忘記的速度並不會因人而異，也不會以人的意志為轉移，但這也並不代表著無論在何種條件下，忘記的速度都保持不變。如果真的是這樣，那麼每個人的記憶力應該都是完全相同的，每個學生在學校的成績也都應該相同才對。

讓我們先從記憶更快消失的情況說起吧。什麼情形會導致記憶較快消失呢？我想知曉這個問題的答案，應該對於大家的學習有非常大的幫助。

最容易導致原有記憶提前消失的活動，就是添加新的記憶，亦即將知識一股腦地硬塞進大腦中。比如大家在上一節的實驗中記住了 10 組音節，那麼請在一小時後再次背誦以下 10 組新音節。

（TAQ）（MIK）（KOX）（GIY）（YAT）
（QOY）（MIZ）（JOQ）（DIH）（XUP）

當然，這次也請認真背誦。

記住這次 10 組音節之後再過 3 小時，請試著回想第一次背誦的 10 組音節。怎麼樣，還記得幾組呢？我想大家肯定只記得一、兩組而已吧。

也就是說，如果往腦中塞入過量的資訊，則記憶的效果就會變差，因為大腦一次能記住的資訊量是有限的。

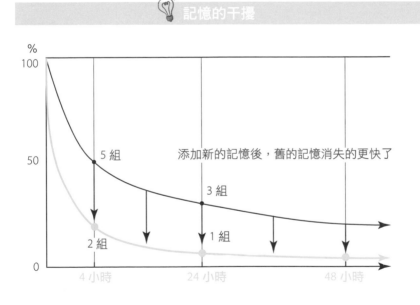

記憶的干擾

與此同時，新記住的 10 組音節之記憶也會受到妨礙。只要在 4 小時後試著回想一下就可以知道，能記起來的音節連 5 組都不到。

像這種新記憶和舊記憶互相影響的現象，就叫作「記憶的干擾」。存在於大腦中的一個個記憶片段，並不是完全獨立存在、毫無瓜葛的。相反地，它們是有所串聯、彼此影響的。有時互相抑制，有時又互相合作以得到鞏固。因此，錯誤的記憶方法，例如毫無準備地將大量知識塞入腦中，就會導致記憶消失，或者使記憶變得混亂、模糊不清，進而造成一連串的失誤。

舉個具體的例子。在古文課上，老師突然要求大家第二天之前把《百人一首》（註 2-1）全部背誦下來，並且會安排相關考試。面對這項強人所難的作業，與其試圖開夜車把 100 首和歌都背下來，不如踏踏實實地只背 30 首，這樣反而能得到更高的分數。雖然這種策略似乎有點狡猾，但無論是從時間、體力還是精力上來說，都是一種合乎情理的方法。面對那種不合理的要求時，出於對健康的考量，也不應該熬夜往腦中硬塞知識。

▷ 學習的重點應放在「複習」上

不僅是考試前，在平時的學習過程中，也要儘量避免在一天內，向腦輸入大量新知識。說起來，學習的重點原本就

註 2-1　日本最廣為流傳的和歌集，裡面包含 100 首和歌。──譯者注

應該放在「複習」上，之後我會對複習的重要性進行說明。總之，在能力所及的範圍內，**毫無壓力地記住自己所能記住的內容，才是符合記憶性質的學習方法。**

看到這裡，想必大家應該已經明白了吧？沒錯，就學習方法而言，既有遵循大腦規則的好方法，也有違背的壞方法。無視大腦規則、完全亂來的學習，只是在浪費時間罷了，有時甚至還會遭到反作用。那樣的話，還不如放棄學習。

對於考試而言，學習了多少知識的確很重要，但它並不會決定最終的成績——更重要的是對知識的掌握程度，即「學習的品質」如何。方法不同，結果也會大不相同。

人生如同故事。重要的並不是篇幅有多長，而是內容有多好。——塞內卡（Lucius Annaeus Seneca，哲學家）

請大家重新審視一下自己的學習方法，想一想在這之前採用的方式是否對腦不利。接下來，本書將會講解高效的學習方法。在正確理解本書內容的基礎上，如果大家發現自己的學習方法有一些錯誤，那就請試著改正吧。特別是那些一直覺得「我明明已經這麼努力了，為什麼成績還是上不去」的人，更要仔細閱讀，**能合理地利用大腦規則，掌握事半功倍的學習方法。**

高效率的英文單字記憶法

　　我想說一說自己背誦英文單字的方法。我一般會去書店翻閱英文單字書。如果書裡的單字我都不認識，那麼這本書我肯定不會買，因為沒有信心能夠堅持看完，最後挑選的往往是那種裡面有一半單字我都認識的書。另外，我還喜歡那種用大號字體表示詞目、設計得十分醒目的版式。

　　因為我是典型缺乏恆心的人，總是三天打魚兩天曬網，所以為了激勵自己「一定要看完一半以上」，我還會在單字書的書口正中央處，畫一條顯眼的紅線。

　　之後我會按照每天背誦兩頁的計畫，在書眉左上角的空白處，寫上應該背誦這一頁的日期，如果完成了就在該日期上畫圈。一天之中我會背 3 次單字，每次間隔 8 小時，只有在睡前才背誦新單字。在上學和放學時，我會在通勤路上複習前一晚臨睡前背誦的新單字。

　　我從高一第一學期開始採用這種方法學習，到暑假時正好把單字書背完一遍（註 2-2）。在暑假中我還利用隨書附贈的 CD 進行總複習。進入第二學期後，英語課堂上出現的單字有 95％

註2-2　日本的學制是從四月開始新學期，上到七月放暑假。每學年共有三個學期。——譯者注

我都認識。當然，如果遇到結構很複雜的句子，我還是會停頓一下，但是僅憑詞彙量的優勢，我也能抓住句子的重點。因為幾乎不用翻辭典，我的閱讀速度也漸漸提升許多。就這樣，英語成了我十分擅長的科目。（高二‧長崎）

 作者之見

　　整體來看，這可以說是一種效率很高的學習方法。誠然，對於學習而言，懷有「熱情」是十分重要的。而從以上的學習方法中，我們還可以看出，為了維持自己的學習熱情，這位同學在細微之處付出了各種努力。其實不只是單字書，我們對其他參考書的第一印象也很重要。大家在買書時，最好也提前翻一翻再挑選出符合自己喜好的書，以便維持接下來的學習熱情。

　　另外，我還很欣賞這位同學的一點是，他沒有把眼前的學習目標訂得太高。雖然人們常說「志當存高遠」，但是就日常的學習而言卻並非如此。

　　達成目標所帶來的成就感，會適當地刺激大腦中名為 A10 的神經，讓我們產生快樂的情緒。合理設定目標，能使我們在長時間內，一次又一次地獲得成就感，進而提高學習熱情。

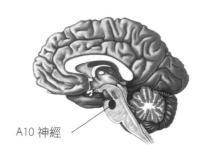

A10 神經

　因此，要求自己每天只背誦兩頁單字的學習計畫，是非常妥當的，而且完成計畫後在日期上畫圈，也是一個很好的習慣。明確地看到自己應該做的事情已經做好了，這對於維持學習熱情來說，也很有幫助。

　在這位同學的經驗談中，最了不起的地方，就在於他利用上學和放學時的空檔來複習。「複習」是學習過程中最重要的一步，但是往往有很多學生都以「想要空出時間玩樂、參加社團活動」「還要學習其他知識」為由，降低複習的優先順序。

　其實只要像這位同學一樣，稍微花點心思、下點功夫，總是能擠出時間複習的。請大家一定要轉變自己的觀念，重視複習這個過程。我認為，預習、學習、複習的比例在 1/4：1：4 左右比較妥當。

2-3 反覆記憶的效果

▷ 反覆記憶能提高記憶效果

由遺忘曲線實驗可知，錯誤的學習方法會加快遺忘速度或導致記憶混亂。事實上，我們能透過遺忘曲線獲得的資訊遠不止於此。接下來就讓我們一起思考，怎樣能讓遺忘曲線的傾斜程度變得和緩一些，也就是怎麼做，才能讓已經記住的資訊不容易被忘記。

在最初的實驗中，雖然大家記住了 10 組音節，但是隨著時間的推移，關於那些音節的記憶會慢慢消失，最終連一組都想不起來。這些記憶真的從我們的腦中完全消失了嗎？似乎並非如此。

大家可以試一試，在確定自己完全想不起任何音節後，再次記憶同樣的 10 組音節並進行測試，你會發現和第一次測試相比，這次能記住的音節更多了。也就是說，透過第二次記憶，這些音節變得不容易被忘記了。如果用平均成績來說明的話，大概就是 4 小時後仍然能記得 6 ～ 7 組的水準。

接著，重複同樣的步驟，即在完全忘記第二次記住的音

節後，再次記憶同樣的 10 組音節，這一次記憶的效果更加明顯，音節更不容易被忘記了。在 4 小時後進行的測試中，能想起來的音節應該約有 8 組。

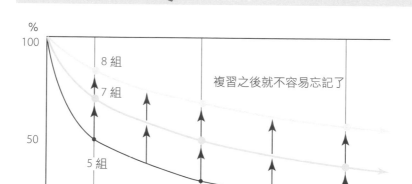

複習的效果

如果此時把你的朋友叫來，和你比賽背誦這些音節，那麼你的朋友無論怎麼努力，4 小時後都會忘記一半，還可能誤以為你是個記憶力超群的天才。換句話說，無論是誰都能透過反覆記憶，讓自己看起來好像是記憶力提高了。

可是，為什麼反覆記憶能提高人的記憶力呢？第一次背

誦的音節，明明想不起來了，它們應該已經從腦中完全消失了才對，結果第二次測試的成績居然比第一次還要好，真是不可思議。

實際上，這些音節並沒有完全消失，它們仍然存在於腦中，只是我們想不起來罷了。換句話說，那些我們覺得已經完全忘記的資訊，其實都完整地保存在無意識的世界裡，只不過它們屬於潛在的痕跡，所以才無法被我們想起來。

當我們反覆記憶時，這些潛在痕跡，就會悄無聲息地幫助我們記住知識，從而提高考試成績。所以說，反覆記憶會讓我們看起來像是記憶力提高了。從這裡也能認識到，反覆地學習（也就是複習）有多重要了吧？**複習可以降低我們忘記知識的速度。**

我究竟是為了什麼而學習？

　　從小母親就一直教導我：「無論上什麼課都要認真聽講，否則就是對老師的不尊重。」而我也一直相信母親說的這句話，並將其作為學習的準則。

　　不過到了高二，面臨文理分科時我突然產生疑問：我到底是為了什麼而學習？此後的半年，我都一直無法專心投入到學習中。雖然我也很羨慕在模擬考中取得好成績，或者為了考上頂尖大學而拚命努力的朋友們，但是相對於這些眼前的目標，我失去的是學習更為本質的目的，所以無論如何也提不起對學習的興趣。

　　直到半個月前，我在補習班參加了職業適性測試。在必須要專心致志、仔細鑽研的研究類職業方向，我居然取得了非常高的分數。透過測試，證明自己適合一個在感覺上很不錯的領域，這讓我覺得能發揮自己才能的職業還是存在的，而現在的學習，就是為了給將來從事這個職業打下基礎。就這樣，我完全從消沉的情緒中走出來了。（高二・東京）

作者之見

　　作為一名科研工作者，我很高興你能選擇研究作為目標。

　　人們常說高二是容易陷入萎靡與消沉的階段。可能的確是這樣吧，高二的學生們，總是會從各種角度，去思考所謂的人生價值和意義，我自己也曾有過這樣的經歷。

　　對於青少年而言，這種思考很有可能是一個脫離兒童時期、確立自我意識的重要心理過程，但由此對現狀和未來充滿絕望，從而失去學習熱情的學生也不在少數。我認為，像上述經驗談中那樣，能找到人生目標的人是非常幸運的。

　　反過來想，高二這個充斥著各種不穩定因素的階段，也正是最能在學習能力上，和他人拉開差距的時期。

　　如果還有人不明白「我到底為了什麼而學習」，那麼請閱讀本書的「後記」部分。

　　登山的目標肯定是山頂，但人生的樂趣卻並不在山頂，而在那充滿困難的半山腰。──吉川英治（作家）

2-4 蠻幹終究是徒勞

▷ 複習的時間點才是關鍵

相信大家已經了解複習的重要性。但是,「複習」二字說起來容易,做起來卻不簡單,盲目複習是沒有效率的。在此,就讓我為大家講解一下複習時需要注意的三個要點吧。

第一點是關於複習的時機問題,在什麼時候複習比較好。究竟間隔多久進行複習,才能取得最好的效果呢?

我們利用之前的音節記憶實驗來測試一下,就能知道答案了。如果第一次和第二次學習之間,間隔一個月以上,那麼記憶力是得不到提高的。也就是說,潛在記憶的保存時間只有一個月左右,如果不在一個月以內複習學到的知識,潛在記憶就無法發揮作用了。所以,並不是在任何時候複習都有效果,最遲也要在一個月以內就開始複習。

為什麼那些無意識的記憶有「保質期」呢?答案的關鍵還是在於海馬迴。

海馬迴是對進入大腦中的資訊進行審查的工廠。資訊的種類不同,能停留在這家工廠的時間也有長有短,短的大概

只有一個月左右。海馬迴會在一個月內，分類整理這些資訊，判定哪些是應該進入大腦皮質的必要資訊。

當你間隔了一個月，甚至更久的時間才去複習的知識，對於海馬迴來說，和新學習的知識並沒有什麼不同。相反地，如果在一個月以內多次複習相同的知識，海馬迴就會產生錯覺，做出判斷：「短短一個月內竟然看到這麼多次！這一定是非常重要的資訊吧。」

▷ 複習的重要時程

重要的是，在首次複習中，輸送進海馬迴的資訊越多，成功「欺騙」它的可能性就越大。也就是說，在複習時也要像初次學習那樣用功，不僅得用眼看，還要動筆寫、出聲讀，盡可能地調動自己的感官。這樣一來，透過視覺、聽覺、觸覺等傳達的資訊，都會對海馬迴發揮積極的刺激作用。

結合海馬迴的性質，我建議大家按照下列計畫展開複習。
第一次複習：學習後的第二天
第二次複習：第一次複習一周後
第三次複習：第二次複習兩周後
第四次複習：第三次複習一個月後

以上計畫將複習分為 4 次，每次複習之間都存在一定的時間差，整個計畫約在兩個月內完成。透過這樣的複習方法，海馬迴會將資訊判定為必要，並允許它們進入大腦皮質。我認為這樣做足以達到高效複習的目的，沒有必要再複習更多次。

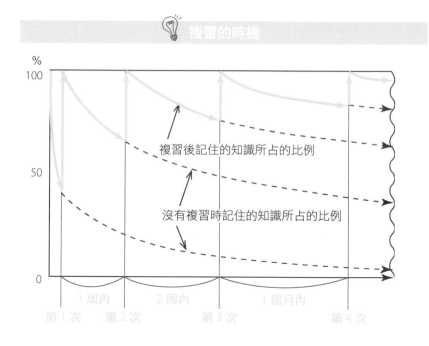

肌肉鍛鍊也是如此。為了練出肌肉，我們沒有必要每天都去舉啞鈴，其實兩天練一次就足夠了，效果是一樣的。同

理，複習計畫安排得再滿，它對最終的學習效果也不會產生任何影響，只是會讓複習的人勞心勞力罷了。

最不擅長利用時間的人，最愛抱怨時間不夠用。
——拉布呂耶爾（Jean de La Bruyère，作家）

與其把時間浪費在不必要的複習上，還不如去學習其他的新知識。

▷ 複習的內容必須相同才有效果

以上就是第一個需要注意的問題。接下來就讓我們來講一講第二個注意點——複習的內容。

複習同樣的內容才有效果。例如在前面提到的音節記憶實驗中，如果第二次背誦的 10 組音節和第一次背誦的完全不同，那麼記憶力是得不到提高的。所記內容一旦改變，複習就達不到預期的效果，甚至還會因此造成記憶的干擾，導致成績下降。

因此，重複學習同樣的內容是十分重要的，不然怎麼能稱之為「複習」呢？

▷ 參考書其實只要一種版本

舉個例子。大家在學習時，除了學校發的教科書以外，還會用到一些參考書或試題集。找到真正適合自己的參考書，其實是一件很不容易的事情，有些書店甚至會販售有關如何挑選參考書的書籍。也有人會一次性買下多本參考書一一試讀，覺得這麼看下去總能發現其中最適合的。我卻認為這樣的摸索並不是什麼好事，原因正在於複習的效果不佳。

即便科目相同，一旦更換參考書，我們就不得不再一次從頭開始熟悉其內容，**只有內容相同時，複習才會產生提高記憶力的效果。請大家務必牢記這最重要的一點。**

特別在意參考書好壞的人，可能是對資訊太敏感了。如果很容易就受到周圍的人或書中資訊的影響，而經常更換參考書，那就相當於浪費了複習的效果，簡直可以說是在「自斷生路」。

市面上的參考書也許良莠不齊，但是它們之間的差距，並沒有大到足以讓人介意的程度。因為這些參考書的作者們，都以幫助大家學習（或者想要大賺一筆稿酬）為目的，煞費苦心地編寫內容。

在日本，創作參考書大多會比編寫學校教科書下的功夫多。選擇參考書的關鍵，在於我們對這本書的第一印象如何。

如果可以，最好不要在網路上購買，而是應該親自去書店看一看、讀一讀，然後再做選擇。**一旦選定了某本參考書，就要一心一意、踏踏實實地把整本書都讀完。**

做一件事情，先要決定志向，志向決定之後就要全力以赴、毫不猶豫地去實行。──富蘭克林（Benjamin Franklin，科學家）

使用參考書要始終如一，別人用什麼樣的參考書與我們無關。與其花費時間和金錢尋找新的參考書，不如把手頭的參考書多複習幾遍，這才是有效利用時間的方法。

我自己在念書時，也沒有使用太多的參考書，只是把手裡的每一本，都至少複習了四、五遍，也許學習正需要這種「固執」的性格吧。

大腦更重視輸出

▷ 要想留住記憶，就不能忽視「輸出」

複習時需要注意的第三點，是大腦更重視輸出而不是輸入。這一點可以透過以下實驗來證明。（註 2-3）

這是個讓參與者記憶 40 個史瓦希利語（Kiswahili）單字，並對結果進行測試的實驗。如果讓你記憶陌生語言的單字，你會採用什麼方法呢？在這個實驗中，參與者被分成 4 組，每組採用不同的記憶方式，最後看看哪一種能取得最好的成績。

具體的實驗過程如下。

首先讓所有參與者都把 40 個單字學習一遍，然後馬上進行測試。結果當然是沒有人能一下子，就全部記住這些從未見過的單字，也就是說，無人滿分。接下來要做的，才是這個實驗的重點，即 4 個小組將採用不同的方法，繼續記憶這些單字。

第一組如果沒有拿到滿分，就要把這 40 個單字全都重背一遍，然後再接受和之前相同的測試。如果還是沒有拿到滿

註 2-3　Karpicke, J. D. & Roediger, H. L., 3rd. The critical importance of retrieval for learning. *Science* 319, 966-968 (2008).

	重新背的單字	測試的單字
第一組	全部單字	全部單字
第二組	出錯的單字	全部單字
第三組	全部單字	出錯的單字
第四組	出錯的單字	出錯的單字

分，那麼就得再去背那 40 個單字，並重新接受測試。就像這樣，一直重複「學習並測試」的過程，直到拿到滿分為止。

第二組則稍微輕鬆一些。因為重新記憶這 40 個單字實在太麻煩了，所以沒拿到滿分的參與者，只需背誦在上次測試中出錯的單字，然後再接受全部單字的測試。如果還不能得到滿分，那麼就繼續背誦出錯的單字，並重新接受測試。如此反覆，直到拿到滿分為止。

第三組和第二組恰好相反，重新記憶單字時，需要背誦全部 40 個單字，但之後只會測驗在上一次測試中出錯的部分。如果這次測試還不能拿到滿分，那麼就要重新記憶全部單字，然後再次測試出錯的部分。如此反覆，直到不再出錯為止。

第四組採用的方法，在學校或補習班中很常見，即只重新記憶在上次測試中出錯的單字，測試時也只考出錯的部

分。一直重複這個過程，直到不再出錯為止。

　　那麼，在這 4 組中，哪一組能最快記住所有單字呢？結果可能會讓大家驚訝。實際上，各組的實驗結果並不存在差異，每組重複記憶單字的次數都是一樣的。

　　不過令人意外的是，一周後再次測試參與者對這 40 個單字的掌握程度，這次的成績出現了十分明顯的差距：第一組和第二組的分數在 80 分左右，而第三組和第四組的分數只有 35 分左右。成績竟然相差如此之大，究竟是怎麼一回事呢？

　　要說成績比較好的第一組和第二組有哪些共同之處，那就是這兩組在重新測試時，都考了全部的單字。而第三組雖然重新背了全部的單字，但是卻只測試了之前出錯的部分。這個結果反映出的正是大腦的本質。大腦中存在「輸入」和「輸出」兩種操作。背單字的行為相當於輸入，提取保存於大腦中的單字去解答試題的行為則相當於輸出。這個實驗的結果意味著要想留住記憶，就不能忽視輸出（測試）。

　　當然，資訊的輸入和輸出都很重要。因為沒有輸入，輸

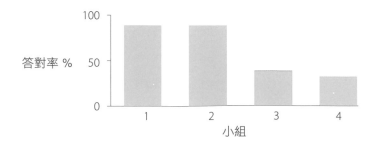

出便無從談起。但是，要說腦更重視哪一方，那絕對是輸出了。因為大腦的模式是「輸出依賴型」。

▶ 大腦的選擇機制

讓我們試著站在腦的角度，來重新思考一下這個事實吧。每天都有無數的資訊湧入腦中，大腦不可能把所有東西都一一記住，所以必須從中挑選。那麼，它判斷哪些資訊該記住、哪些不用記的標準究竟是什麼呢？

其實我在前文中已經強調過很多次了，這個標準就是「複習的次數」，但這並不意味著，向大腦多次輸入資訊就是上上之策。畢竟，我們最終的目的，是要讓海馬迴產生錯覺，誤以為短時間內多次輸入的資訊，一定是必須記住的重要數據。

然而從史瓦希利語單字記憶實驗來看，這個目的表述得並不準確。對腦而言，更重要的是「輸出」。也就是說，站在海馬迴的角度，更重要的是得出這種判斷：「這個資訊竟然會被如此頻繁地調用，看來必須要記住它才行。」

相對於填鴨式的學習，靈活運用所學知識的方法效率更高。用我們周遭的事來舉例，就是在複習時與其反覆鑽研教科書或者參考書，不如多做幾遍試題集，勤加練習能取得更好的效果。

第 **3** 章

海馬迴和 LTP

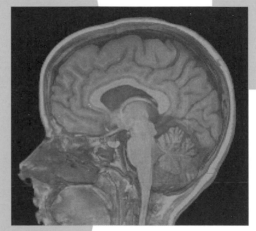

頭部的
磁振造影

3-1　掌握記憶關鍵的 LTP

▷ 長期增強作用（Long-term potentiation）

本章中，我們將以海馬迴神經元的性質為切入點，一起來認識大腦記憶的性質。

從大腦中一個個神經元所具有的細微性質中，大家可以學到很多知識，因為大腦的機能就是由神經元來實現的。所以，要想了解人的記憶，我們當然要從海馬迴神經元的性質開始說起。

我的博士論文研究題目正好是「海馬迴和記憶」，因此也可以稱我為「海馬迴博士」。在本章中我將充分發揮自己的專業優勢，從各種角度來講解何謂海馬迴。實際上，海馬迴神經元具有很多有趣的性質，其中最具代表性的就是LTP。下面我們就來看看這個LTP是什麼吧。

近年來，腦科學研究發展迅速，那些人們曾經無法想像的高難度實驗，已經逐漸成為可能。例如在現階段，我們甚至已經能夠在刺激人或動物的神經元的同時，來記錄這些神經元的活動了。我就使用過這種技術，將細小的電極輕輕插

入海馬迴，嘗試對其進行反覆刺激。大家知道結果如何嗎？神經元之間的連接竟然增強了。

不僅如此，在刺激結束後，連接也仍然保持著增強的狀態。也就是說，神經元被長期地啟動了。

這種現象名為長期增強作用（Long-term potentiation）（註 3-1）。最近，大家都使用大寫的英文縮寫字 LTP 來指稱這個現象，所以本書在隨後進行說明時，也將使用 LTP 一詞。

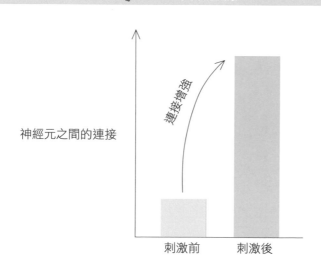

LTP 的實驗數據

神經元之間的連接

連接增強

刺激前　刺激後

註 3-1　Bliss, T. V. & Lomo, T. Long-lasting potentiation of synaptic transmission in the dentate area of the anaesthetized rabbit following stimulation of the perforant path. *J Physiol* 232, 331-356 (1973).

LTP 是大腦的「記憶之源」，這一點透過簡單的實驗就可以驗證。例如，我們先經由給予藥物或改變基因等方式，讓實驗動物腦中的 LTP 消失，然後觀察牠們的記憶會發生怎樣的變化。結果顯示，被剝奪 LTP 的動物，將無法產生任何記憶，這真是太可憐了。

由此我們可以得知，記憶的形成與 LTP 密切相關。

▶▷ 通往高效學習的捷徑

另一方面，能夠發揮 LTP 效應的動物，記憶力也有所提高。也就是說，如果海馬迴處於容易產生 LTP 的狀態，那麼學習能力將會有所增長。因此，假使能夠透過動物實驗，找到容易產生 LTP 的方法，那麼我們就能從中獲得改善學習方法的啟發。

首先需要注意的一點就是，LTP 是神經元反覆受到刺激後才產生的現象。如果只刺激海馬迴一次，是絕對不會產生LTP 的。

總而言之，反覆刺激海馬迴的神經元，即「複習」是十分必要的。這種特殊性質，使得複習成了我們無法逃脫的命運。那種「不複習就想掌握知識」的心態，從腦科學研究的角度來看，也是要不得的。

不過，現在就心灰意冷還為時尚早。問題並不在於必須反覆刺激（複習）這個既定事實，而是**有沒有什麼方法，能夠最大限度地減少反覆刺激的次數，這才是我們應該思考的。**

　　實際上，減少反覆刺激次數的方法是存在的。這種方法能更加簡潔地引發 LTP 現象，通往高效學習的捷徑也隱藏於其中。接著，我們就來看看這種方法中的兩個祕訣吧。

莫札特效應

有一個名詞叫作「莫札特效應」，指的是聽了莫札特的音樂後，能讓人變聰明的現象。雖然聽起來很像無稽之談，但實際上這個效應是存在一定科學依據的，人們發表了許多相關的學術論文（註 3-2）。說起來，我也曾聽說過這樣的傳聞，據說東京大學的學生，在小時候學過樂器的人數比例，要比其他大學高。雖然不知道是否和莫札特效應有關，但我認為這是個很有趣的觀察方向。

莫札特效應是由美國威斯康辛大學的法蘭西斯·羅契爾（Frances Rauscher）教授發現的。研究表明，雖然莫札特的音樂，只能讓人在不到一小時的時間內，暫時性地變聰明，但效果卻極其顯著，能讓實驗參與者的智力測驗成績提高 8 ～ 9 分。

這裡必須注意的一點是，所聽的音樂只限於莫札特的曲子。巴哈的音樂可能多少也會有一點效果，但是其他的作曲家，如蕭邦或貝多芬的音樂，就沒有這樣的效果了，而這也正是該現象被稱為「莫札特效應」的原因。羅契爾博士對此做出了解釋，他認

註 3-2　Rauscher, F. H., Shaw, G. L. & Ky, K. N. Music and spatial task performance. *Nature* 365, 611(1993).

為莫札特的音樂，能夠透過令人愉快的節奏和優美的旋律，協調人的左腦和右腦，這正是產生該效應的關鍵所在。

大家在學習累了、需要休息時，不妨也去聽一聽莫札特的音樂吧。我自己就經常會聽內田光子演奏的鋼琴協奏曲和鋼琴奏鳴曲。

3-2 童心是提高成績的「營養素」

想減少為產生 LTP 而重複刺激海馬迴神經元的次數，第一個祕訣，就是只有在某種特殊的腦電波出現時，才刺激海馬迴。

提到腦電波，大家可能最先想到的就是 α 波和 β 波吧，畢竟電視節目和雜誌上，經常出現「當人處於放鬆狀態時，大腦中就會產生 α 波」的說法。

不過，我們在這裡要說的，並不是 α 波和 β 波，而是一種叫作「θ 波」的腦電波，它的頻率比 α 波和 β 波都要低。也許大家第一次聽說這種腦電波，但是對於記憶來說，它可以說是最重要的一種腦電波了。

θ 波是「好奇心」的象徵。當我們第一次見到某種事物，或者第一次踏入某個地方時，腦中就會自然而然地產生 θ 波。換句話說，當人對什麼東西感興趣，而打開好奇心之門，處於緊張、興奮或者期待的狀態時，θ 波就會出現；相反地，當對千篇一律的事物感到厭煩、喪失興趣的時候，θ 波就會

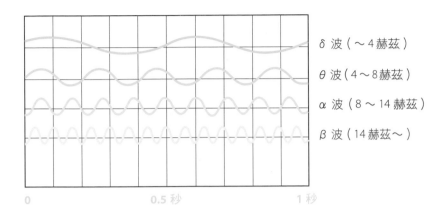

各種腦電波

δ 波（～ 4 赫茲）

θ 波（4～8 赫茲）

α 波（8～14 赫茲）

β 波（14 赫茲～）

0　　　　　　　　　0.5 秒　　　　　　　1 秒

消失。

　　有趣的是，當 θ 波出現時，即使刺激的次數很少，海馬迴中也能產生 LTP（註 3-3）。如果刺激得當，那麼重複刺激的次數，甚至可能減少 80 ～ 90％。也就是說，只要給予原來 1/10 次數的刺激，就能得到同樣的效果。

　　從以上事實可以看出，如果是自己感興趣的內容，那麼即使複習的次數很少也能記住。確實，與不拿手科目的知識相比，我們很容易就能記住自己感興趣的對象，比如喜歡的

註 3-3　Huerta, P. T. & Lisman, J. E. Heightened synaptic plasticity of hippocampal CA1 neurons during a cholinergically induced rhythmic state. *Nature* 364, 723-725 (1993).

偶像團體成員的名字，或者欣賞的運動員的名字。這種記憶力增強的效果，很有可能就是由 θ 波造成的。

由 LTP 的這個性質可知，我們對自己想要記住的內容抱有多大的興趣，這一點是非常重要的。**如果我們覺得學習很無聊，那麼最後就會在無形中增加很多複習的次數，這樣反而是浪費時間。**

正如明明沒有食慾卻去吃東西會對健康不利，如果沒有興趣還去學習則有損記憶。 ——達·文西（藝術家）

▶ 好奇心能加強高效記憶

如果覺得今天的狀況不好，怎麼都提不起對學習的興趣，那就稍微休息一會再試試吧。或者乾脆早點睡覺，養精蓄銳以便明日再戰。

不過，也許有人覺得學習本來就沒什麼意思，要是這麼想可就大錯特錯了。雖說考試絕對算不上是什麼令人高興的事，但是如果不去想考試的話，那麼無論哪門學科，都應該有讓人感興趣的部分才對。

我相信，世間萬物自有其深奧之處。人們常說「百談莫若一試」，很多事如果只用眼睛觀察，是判斷不出有趣與否

的，必須親自嘗試後，才能發現其中的樂趣，而且了解得越多，就越能體會到其中的有趣之處。

人們受到的教育越多，好奇心就越強。

——盧梭（啟蒙思想家）

因此，如果大家經常把「好無聊啊」這句話掛在嘴邊，就相當於向世人宣告自己是一個無知的人。學習也是如此。即使在剛開始時感到無聊，也請大家稍做忍耐，堅持學習下去吧，只要堅持住，就一定能發現學習的有趣之處。到那時，我們的腦中自然就會出現 θ 波了。

暢銷書作家偉恩・戴爾（Wayne W. Dyer）（註 3-4）曾這樣說：「一個人在早上醒來後，首先想到的是『很好，新的一天開始了』，還是『哎，怎麼又要起床了』，完全取決於他的心態。」

確實如此。學習也和心情有關，我們要像孩子一樣，無論在何時都應該保持一顆易受感動的心。包含好奇心和憧憬心的「童心」，正是促使 θ 波出現的重要因素。

註 3-4　自我實現領域的知名國際作家和演說家，著有多部暢銷書，其中影響最大、最為成功的一本名為《為什麼你不敢面對真實的自己》（Your Erroneous Zones），是長銷不衰的經典之作。——譯者註

乙醯膽鹼

發明出能讓人變聰明的藥，一直是人類美好的憧憬。如果只靠吃藥就能提高記憶力，那該有多好啊。

人類從很久以前，就打起對大腦有利的食品和藥物的主意，並為此進行了各種嘗試，其中最具代表性的，就是推出能補充DHA（註 3-5）的產品。但是這些嘗試反而證明，沒有什麼物質能在「讓大腦變聰明」這一方面，發揮決定性的作用，所以大家還是不要過於相信這類資訊比較好。

相反地，能讓大腦機能變差的藥物，卻出乎意料地多，例如會抑制大腦中乙醯膽鹼（acetylcholine，ACH）發揮作用的藥物。乙醯膽鹼是產生 θ 波的根源，具有啟動海馬迴，以保持意識清晰、提高記憶力的作用。

其實在我們身邊，有很多會抑制乙醯膽鹼發揮作用的藥物，像是幾乎每個人都吃過的感冒藥、止瀉藥或暈車藥等。想必大家都有吃過感冒藥後腦袋昏沉、很想睡覺的經驗吧？這就是大腦中的乙醯膽鹼被抑制的證據。所以，如果我們明明在考試前沒有感

註 3-5　二十二碳六烯酸（docosahexaenoic acid，DHA），是人體中必不可少的一種不飽和脂肪酸，俗稱「腦黃金」。──譯者註

冒，卻「以防萬一」提前服用了感冒藥，那麼面臨的結果可能會很悲慘。

當然，我們也不能因為過於在意副作用而拒絕吃藥，最終導致病情惡化，這樣就是本末倒置了。無論哪種藥物都有副作用，一味地害怕並不能解決問題，在了解副作用的基礎上正確服藥才是最重要的。

如果考試前不得不服用感冒藥或者止瀉藥，那麼可以在買藥時詢問一下，請藥師幫我們選擇那些不含有抑制乙醯膽鹼成分的藥物，這樣就能安心地去考試了。

在這裡要順便告訴大家，能抑制乙醯膽鹼發揮作用的成分中，最有名的兩種就是東莨菪鹼（scopolamine） 和苯海拉明（diphenhydramine），大家也可以看看手頭的藥品裡，是否含有這兩種成分。

3-3 所謂回憶

▷ 啟動杏仁核，更能牢牢記住

在前文中我曾提到，減少刺激海馬迴次數的第一個祕訣是 θ 波。此外，還有一種能引發 LTP 非常有效的方法，那就是啟動大腦中名為「杏仁核」（amygdala）的神經元聚集組織。這種現象是由我率先發現的（註 3-6）。

杏仁核緊鄰海馬迴，雖然只有人類小指指甲那麼大，卻擔當起十分重要的角色：產生喜悅、悲傷、焦慮等情緒。如果說海馬迴是記憶的工廠，那麼杏仁核就是情緒的發源地。啟動杏仁核也容易引發神經元的 LTP。換言之，人在情緒高漲時會更容易記憶。

這麼一說，在那些我們仍然能清楚記得的往事裡，的確有一人部分都交織著某種情緒，像是快樂或者悲傷的事。我們把這樣的記憶稱為「回憶」，並將其珍藏在心中。回憶的本質，就是被啟動的杏仁核引發了神經元的 LTP。

註 3-6　Nakao, K., Matsuyama, K., Matsuki, N. & Ikegaya, Y. Amygdala stimulation modulates hippocampal synaptic plasticity. *Proc Natl Acad Sci USA* 101, 14270-14275 (2004).

請大家都想一想，為什麼相對於其他記憶，回憶能更深刻地烙印在大腦中呢？它是如何被判定為必要資訊呢？難道是因為它在我們的日常生活中，具有重要意義嗎？

▷ 以情緒為輔助來促進記憶

只觀察近、現代人類的生活，是無法獲知答案的，我們必須要追溯生物的演化過程，回到野生動物還在山野間奔跑的時代，考察牠們所經歷的原始生活。啟動杏仁核後提升記憶力這一現象，對於動物來說，具有關乎其生死存亡的重大意義。

與生活在現代城市裡的人類不同，置身在大自然中的動物，經常會面臨生命危險。除了要經歷許多可能會喪命的恐怖威脅，還要時刻擔憂能否找到充足的食物來源。為了高效地躲避危險，動物必須要將遇到天敵時的恐懼感，以及好不容易才找到的覓食地點，都深深地記憶在腦中。

能不能把這些資訊非常迅速地，即以絕少的複習次數牢牢記住，對於動物而言，是生死攸關的重大問題。為此，「以情緒為輔助來促進記憶」的策略就應運而生了。因此，腦才慢慢具備了這樣一種機制：和杏仁核被啟動後產生的情緒密切相關的經歷，可以被記得很牢。

這種在演化過程中逐漸培養出來的特殊記憶力，至今仍殘存在人腦中。「製造回憶」這種聽起來讓人心中一暖、人情味兒十足的說法，其實不過是自然界殘酷的生存戰爭所遺留的餘音。

記憶天才的祕密

　　我有一個考上東京大學理科三類（註3-7）的朋友，那傢伙是個記憶的天才。有一次他看到日本歷史年表，突發奇想地要去背誦天皇的名號。結果，竟然在兩小時之內，把125代天皇的名號全都記住了，然後又用了不到一分鐘的時間，在大家面前一個個地背了出來：神武、綏靖、安寧、懿德、孝昭……

　　當時，大家都紛紛感慨「這傢伙簡直不是人」「完全不想和這種強人一起競爭」什麼的。但是後來我曾偷偷問他，為什麼這麼擅長記憶，他的回答竟然只是：「因為背東西讓我特別快樂。」

　　我第一次碰到這種覺得背東西很快樂的人，雖然他的確是個怪咖，但也值得我去學習。之前，我一直覺得背東西是讓人特別討厭、非常痛苦的事，直到那時才幡然醒悟。（東京大學·一年級）

註3-7　日本東京大學的理科分為三類：理科一類包括工學部和理學部；理科二類包括農學部和藥學部；理科三類指的是醫學部，同時也是日本錄取難度最大的科系。——譯者注

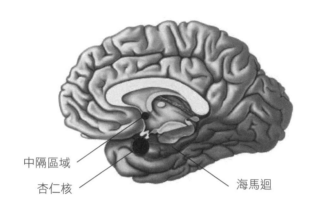

中隔區域

杏仁核

海馬迴

作者之見

　　包括學習和背誦在內，如果某件事能讓你覺得快樂，那麼那件事就是最棒的。在杏仁核和依核（又稱伏隔核）等部位產生的快樂、舒暢等情緒，都能使大腦高度覺醒，從而提高人的積極性和注意力。此外，快樂的情緒還能刺激大腦裡的中隔區域，促使海馬迴產生 θ 波，進而提升人的記憶力。總之，這種積極的情緒好處多多。

　　大家可以把背東西的過程，想像成是往一個窄口的塑膠瓶裡

灌水。雖然塑膠瓶容量很大，但是由於瓶口很小，所以如果直接用水桶往裡倒水，則大部分的水都會流到瓶外浪費掉，這樣儲水的效率就很低了。人的記憶也是如此。如果一次性地把大量的資訊都硬塞進腦中，我們真正能記住的內容其實是非常少的。

但是，不用水桶而用杯子，或者借助漏斗就能高效儲水了。同理，背東西時也有一些小竅門。如果你的身邊剛好有一個記憶天才，那麼請不要錯過機會，認真地向他請教吧。沒有竅門是不可能一下子就記住那麼多內容的。

3-4 感動式學習法

感動式學習法

▷ 代入感情的記憶法

利用杏仁核提升記憶力，這是動物在演化過程中逐漸培養出來的能力，其效果十分強大，我們一定要對此多加利用。

譬如說，「1815 年，拿破崙被流放到聖赫勒拿島」這個知識點，我們來試試不死記硬背，而是帶有感情地記憶吧。請設身處地地想像一下，經歷過種種戰爭考驗後仍然失敗的拿破崙，還要被流放到荒島上，這是多麼悲慘的境地啊。如果換作是我們自己遭受了這種不幸，心中又會是何等的萬念俱灰。像這樣有感情地代入歷史情節之中，大腦自然就會記住這個知識點了。

大家可能覺得，對著教科書上的內容，一一傷感流淚簡直就是像傻瓜一樣的行為，但是大腦自身的機制，又的確決定了它會牢牢記住那些帶有情緒的資訊。這種感動式學習方法不僅符合生物學原理，而且可以減輕記憶帶給大腦的負擔。如果在記憶過程中，我們能進一步對拿破崙這個人物產生興趣，從而使腦產生 θ 波，那就更加完美了。

▷ 壓力會影響記憶效果

　　說起來，我們身邊應該也有那種平時怎麼背也記不住，一到考試前，卻能一下子記住大量知識的人吧？這可能是因為他們對考試的焦慮情緒，以及隨之產生的危機感，啟動了杏仁核，使記憶力得到爆發性的提升。當然，並非每個人都能有此「特效」，所以大家最好不要輕易地認為自己也能做到哦。

此外，我在前文中也曾提到過，臨近考試才往腦中硬塞知識，是有很多缺點的。即使勉強塞進去了，那些知識也很快就會消失，這種行為還會帶來其他的不利影響。

這種不利的影響就是「壓力」。LTP 無法承受壓力，在面對逃避不了的壓力時就會減弱（註 3-8）。換句話說，記憶力會因為壓力而下降。所以從這個角度來看，臨陣磨槍的複習方式是非常不合理的。

但是另一方面，如果在距離考試很久之前，就開始精心制訂複習計畫，擬好時間過於充裕的日程表，這也不見得是一件美事。因為缺乏緊張感、提不起幹勁的狀態，對記憶也沒什麼益處。

正如大文豪莎士比亞曾經寫過的那句台詞一樣：你們都知道，安全是人類最大的敵人（註 3-9）。

大家在學習時，不要總是千篇一律，而要保持適當的緊張感，同時靈活應用能讓神經元產生 LTP 的兩個祕訣——θ波（興趣）和杏仁核（情緒）。這樣一來，學習效率就能突飛猛進。

註 3-8　Shors, T. J., Seib, T. B., Levine, S. & Thompson, R. F. Inescapable versus escapable shock modulates long-term potentiation in the rat hippocampus. *Science* 244, 224-226 (1989).

註 3-9　出自《馬克白》第三幕第五場，原文為 "And you all know, security is mortals' chiefest enemy"。根據語境，security 一詞也可以翻譯成「自信」。——譯者注

考試恐懼症

　　我在參加小學升初中和高中入學考試時，都沒能發揮正常水準，所以我現在很努力，想著無論如何也要培養出能考上大學的實力。但是，不管我怎樣用功，也不管模擬考的成績有多好，一想到最後要參加正式的大考，我就覺得自己肯定考不好。

　　哥哥和我正好相反。他在考高中和考大學前的模擬考中，都只拿到普通的成績，最後卻順利考上高中和大學。哥哥一直在練習棒球，所以他這樣說道：「我把正式的入學考試當作甲子園的棒球賽，這場比賽能檢驗我三年間流血流汗、辛苦練習的成果，這樣一想，我就特別期待考試的日子能快點兒到來。我就是抱著參加甲子園棒球賽的心情去考試的，最後甚至能在考場上想起很多知識點。」我真是羨慕他的特質啊！（高二‧千葉）

作者之見

　　最重要的是轉換思維，雖然這並非是在一朝一夕間就能做到的。或許你可以試著先從與學習無關的方面著手，逐漸啟發自己的樂觀思維。

另外，對於容易怯場的人來說，累積實際經驗是一劑良藥。也就是說，除了模擬考，你還應該盡可能多參加其他考試，多累積經驗。填志願時不要只填一所大學，最好多填幾所，每所大學的招生考試都參加。此外，除了這些和大考相關的模擬考，你還可以積極挑戰「英文檢定」等資格考試，掌握適合自己的、能在正式考試中不怯場的心理建設方法。

順便一提，有研究表明，如果把考試前的不安心情寫出來，緊張的情緒就能得到緩解（註 3-10）。在相關實驗中，當參與者在考試前 10 分鐘內，具體地寫出讓自己感到不安的考試內容、描述出自己焦慮的狀態後，他們緊張的情緒就會得到緩解，最後的考試成績甚至還提高了 10%。當然，如果寫下的是與考試無關的事，是不會有什麼效果的。所以，把不安的情緒真誠地抒發出來是很重要的，請容易怯場的人一定要嘗試一下。

同時還需要注意考試時的坐姿。相關實驗結果顯示，即使是做相同的事情，挺胸抬頭也比彎腰駝背讓人更自信（註 3-11）。

總之，重點是要有自信。當然，真正對自己感到自信的人並不多，但其實自信並不需要十足的把握或依據，只要使勁地暗示自己「我可以做到」就行了。這也是運動員們常常使用的心理戰術。

註 3-10 Ramirez, G. & Beilock, S. L. Writing about testing worries boosts exam performance in the classroom. *Science* 331, 211-213 (2011).
註 3-11 Briñol, P., Petty, R. E. Wagner, B. Body posture effects on self-evaluation: A self-validation approach. *Eur J Soc Psychol* 39, 1053-1064 (2009).

3-5　獅子記憶法的 3 個技巧

▶▷ **重點 ①　適度饑餓能增強記憶**

　　在本章的最後一節，讓我們以一種略微獨特的視角，來了解一種增強記憶力的方法，大家可以將其輕鬆地應用到學習過程中。

　　我將其稱為「獅子記憶法」。了解這種方法的前提，是大家要意識到，我們在成為人類之前首先是一種動物，而動物在演化過程中，逐漸培養出「記憶力」這種能力，這個演化痕跡至今仍殘存在人腦中。

　　那麼，請大家想像自己是一頭獅子。對於生活在草原上的獅子們來說，記憶力在什麼時候能派上用場呢？這樣一想，大家應該自然就能明白，我們該怎樣做才能提升記憶力了。下面，我將舉出 3 個例子對此進行具體說明。

　　對於動物而言，「饑餓」是一種危險狀態。俗話說，「餓著肚子打不了仗」。這恐怕是很久以前，在食物供給無法得到保障的時代，從戰場上流傳下來的經驗談。要是放在能吃飽飯的現代社會，我想可能沒有人會對此產生共鳴。

獅子如果覺得肚子餓了，就會去狩獵，而狩獵時也正是需要發揮記憶力的時候。**實際上，相關研究發現，肚子餓的時候記憶力會較強，當然過於饑餓的狀態也不行。我們最好讓腦處於能感到適度危機的狀態，像是早、中、晚飯前的時間就很合適。**

大家放學回家後到晚上睡覺之前，學習時間是怎麼安排的呢？

似乎絕大多數人，都是先悠閒地度過晚飯前的那段時間，然後吃完晚飯才開始念書。但只要想想獅子狩獵的例子就能明白，晚飯前的饑餓時間才最適合學習。

如果要解釋得稍微專業一些，那就是當肚子餓的時候，我們的胃會分泌一種名為食慾增強激素（ghrelin）的饑餓激素。這種饑餓激素會隨血液循環進入海馬迴，促使海馬迴神經元產生 LTP（註 3-12）。

相反地，在吃飽後不僅饑餓激素的水準會降低，而且血液還會相對集中於胃部和腸道，這往往會導致腦的活動水準下降。正如狩獵後吃飽的獅子會在樹蔭下睡覺一樣，人類在吃飽後也會昏昏欲睡。

註 3-12　Diano, S. *et al.* Ghrelin controls hippocampal spine synapse density and memory performance. *Nat Neurosci* 9, 381-388 (2006).

▷ 重點 ② 移動時能提升背誦效率

另外，獅子在狩獵時經常會來回走動或跑動，此時，海馬迴會自動產生 θ 波（註 3-13），這樣一來，記憶力也得到提高。可以說，「走動」是提高記憶力的開關。

我想應該有人已經注意到了吧，一邊走動一邊背東西會比較容易記住內容。我在高中時就曾一邊圍著餐桌轉圈，一邊背英文單字或者歷史年號，當時覺得這種背誦效率，要比坐在書桌前高很多。現在一想，其實那就是 θ 波帶來的效果吧。不過請大家千萬注意，不要跑到馬路上去一邊走一邊背，因為那樣很可能會發生交通事故。

從動物實驗的資料來看，雖然自己走動時 θ 波最容易出現，但就算是自己沒有親自走動，搭乘交通工具移動時 θ 波也會出現。亦即你只是在公車或地鐵裡，隨著車的行進而晃動也沒關係，只要腦能感知到正在移動的狀態，就會產生 θ 波。

▷ 重點 ③ 降低室溫對記憶也有幫助

最後，除了饑餓狀態和走動之外，根據獅子記憶法，我

註 3-13　Buzsáki, G. Two-stage model of memory trace formation: a role for "noisy" brain states. *Neuroscience* 31, 551-570 (1989).

們還可以推測出房間的溫度，也會對記憶力產生影響。動物在感到寒冷時會產生危機感，因為牠們本能地知道，到了冬天就難以捕捉到獵物。所以在溫度略低的房間裡學習，可以提高效率，夏天在冷氣較強的房間、冬天在暖氣不太充足的房間裡念書比較好。

因此，我並不建議大家在考大學（註 3-14）前的最後一個新年假期中，坐在暖桌前把腳伸進被子裡，一邊喝著熱茶一邊舒舒服服地進行衝刺複習。

另外，較高的室溫不僅會減弱人的危機感，還會影響腦的血液循環，從而降低我們的思考能力。正如有一句老話是「頭涼腳熱」，如果不讓頭部的溫度相對低一些，大腦就很有可能無法順利工作了。

綜上所述，透過獅子記憶法，我們可以推測出饑餓、走動和降低室溫這 3 種能提高記憶力的技巧。大家也可以試著應用到生活中的各個領域，也許會驚人地有效。另外，如果有誰想到更好的方法，也請務必告訴我。這些方法都利用了動物在漫長的演化過程中培養出來的特性，效果應該是有所保證的。

註 3-14　日本的大學入學考試，一般在一月末到二月初進行。──譯者註

情緒喚醒

回想過去大家也許會發現，我們人部分的記憶，都交織著快樂或者痛苦等情緒，這就是所謂的「回憶」。在大腦深處有兩個呈杏仁狀的神經元聚集組織，我們將其命名為「杏仁核」。人類所具有的喜怒哀樂等情緒，都是由杏仁核產生的。

當杏仁核的活動使得情緒被激發時，大腦產生的神經訊號就會製造出回憶。也就是說，當我們產生喜怒哀樂等情緒時，當時的記憶能被很容易地保留下來，這也意味著充分利用杏仁核，就能幫助我們加速記憶。

然而，杏仁核的作用遠不止於此。大腦中的杏仁核被啟動後，不僅會使人的記憶力提高，也會讓注意力得到提升。這是因為杏仁核在向前額葉皮質（大腦皮質的一部分）傳遞神經訊號的同時，維持著人對事物的注意力。

換句話說，對於能夠調動自己情緒的事物，人們不會容易感到厭煩。無論是電影還是小說都是如此，只要是能讓人感動的作品，我們都能堅持看到最後。這種效果就叫作「情緒喚醒」（emotional arousal）。

也就是為了讓自己不厭煩學習並且堅持下去，我們需要在調動情緒上多下些功夫。例如在利用諧音進行背誦時，可以想一些有意思的雙關語或者冷笑話，甚至也可以聯想一些稍微「不正經」的內容。在自己看過的那些參考書中，我想要推薦的是（可能）很有名的《古文詞彙513》（註3-15）。這本書不僅內容不錯，而且也很適合用來實際體驗情緒喚醒的效果。

註 3-15　這是一本透過漫畫和搞笑諧音的形式，教人如何記憶日語古文詞彙的參考書。──譯者注

第 4 章

不可思議的睡眠

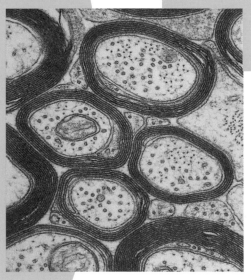

神經纖維的
剖面圖

4-1 睡覺也是學習的一部分

▷ 海馬迴在睡覺時也在活動

在前文中，我曾多次強調複習的重要性。大家肯定覺得複習就是要努力地反覆記憶吧？其實不然，有一種驚人的複習方法，是不用努力也可以掌握的，那就是睡眠。在我們睡著的時候，腦其實也正在不知不覺地進行複習呢。

根據研究結果可知，**如果我們在某一天學習了新的知識，那麼當天最好能有充足的睡眠**。相反地，如果一夜沒睡，那麼剛剛學到的知識，很快就會從腦中消失。

這樣說來，那些在考試前一晚透過熬夜才勉強背下來的知識，確實很快就會被忘得一乾二淨，並沒有被我們真正地掌握。雖說如果不是被逼無奈沒人會想熬夜，但在這裡還是希望大家能充分認識到，睡眠對於學習來說有多麼重要。

問題的關鍵還是在於海馬迴。可能大家會覺得有些意外，其實當我們做夢時，海馬迴也正在積極地活動著。

如果說「夢是記憶的重播」，我想大家對此可能沒有什麼概念，也許還會有人這樣反駁：「那些稀奇古怪的，或者

宛如置身神話世界一般的夢，可是和現實一點關係都沒有哦。」那麼，有誰夢見過自己在流利地說著古希臘語嗎？我想應該沒有，因為大家的頭腦中，並不存在古希臘語這種資訊。而不存在於大腦中的事物，無論是多麼奇妙的夢境都無法製造出來。

也就是所謂的「夢」，其實就是由大腦中各種各樣的資訊，和記憶的片段相互組合而形成的。有研究人員認為，人之所以會做夢，就是為了不斷探索這些片段的組合，是否有什麼意義。

▷ 想讓知識牢固，不能熬夜

我們在短短的一個晚上，就能做大量的夢，夢中出現的所有場景，都來自於海馬迴中的資訊和大腦皮質中的記憶。起床後仍然能想起來的夢，僅占全部夢境的一部分。只有當我們做了特別怪異的夢時，才會在腦中留下「啊，這個夢可真奇怪」的強烈印象，從而讓我們在睡醒後，還能清晰地記得夢的內容。

在我們睡著時，腦會以各種形式整合資訊，然後檢查資訊的一致性，並「整理」過去的記憶。海馬迴就是在此時對資訊進行審查，判斷它們是否必要。因此，如果不睡覺，就

相當於不給海馬迴整理並選擇資訊的機會。結果也可想而知，那些因為海馬迴來不及整理而雜亂無章的資訊，最終會被全部拋棄。

　　要想讓知識記得更牢固，就必須重視睡眠。有些人每次都只在臨近考試前才熬夜苦讀，像這樣剝奪睡眠的時間，是無法累積學習能力的。記憶只有長久地保存在頭腦中才有意義，即使靠臨陣磨槍取得了不錯的成績，也只能應付一時而已。

　　透過減少寶貴的睡眠時間來換取好成績，這種想法從長遠來看毫無意義。要想不辜負自己為學習所付出的努力，就必須制訂一個既能完成學習任務，又能保證睡眠時間的學習計畫。

　　學習的基本要求是「記住自己能記住的所有知識，確實掌握自己能理解的全部內容」。做到這點之後，就果斷地去睡覺吧，剩下的工作都交給海馬迴。總之，此時的鐵則就是「好好睡覺，期待海馬迴大顯身手」。除了睡覺以外其他什麼事都不用做，這不是很輕鬆嗎？

生理時鐘與大學入學考試

因為不喜歡那種被時間追著跑的感覺，所以我以前總在節奏比較慢又很安靜的深夜裡念書。不過，由於大學入學考試是在白天，而且是從一大早就開始，所以我下定決心要轉變成早起讀書的類型。剛開始的時候我總是容易打瞌睡，只好先用冷水洗臉再喝下一大杯水後，才開始看書做題目。

一段時間過後，我的身體和頭腦都習慣了新的節律，早起讀書也變得十分容易。在參加入學考試的前一周，我還專門配合考試時間，前往考場進行實地體驗。就這樣，考試當天我覺得一切都很順利，並沒有在調整自己的狀態上多費心思。

每個人都有自己的生理時鐘。讓我感到意外的是，一個人能否在考試中取得成功，除了實力，更與自己的生理時鐘有關。我甚至覺得，如果在生理時鐘達到高峰時參加大學入學考試，那麼這個人就能順利地考上理想的大學；反之，如果在生理時鐘處於低谷時倉促應試，那麼即使報考的是原本能考上的大學，最終也很有可能落榜。（高三‧香川）

作者之見

　　科學證明生理時鐘的確存在。大家如果關注體育賽事就能發現，即使是再優秀的運動員，也一定會有低潮期。人的狀態會在好與不好之間波動，這種生理時鐘的波動大致是呈周期性變化的。

　　根據周期的長短，生理時鐘可以分為很多種：有以秒為周期的節律，如眨眼、心臟跳動、呼吸等；有白天活動晚上睡覺，即以 24 小時為周期的晝夜節律；有以一個月左右的時間為周期的月節律，例如女性的生理期；還有類似於「一到秋天就食慾旺盛」這樣的年節律。這些節律的產生都可以用腦的機制來說明。

　　如果一個人所有節律的高潮期都重疊在一起，那麼在這個高潮期內，這個人往往做什麼都能超水準發揮。一些備戰奧運會的選手，還會專門對此進行訓練，希望在四年一次的體育盛會上，自己各種節律的峰值都能重合。

　　那麼，超水準發揮的關鍵到底是什麼呢？當然就是準確掌握自己的生理時鐘了。對於「學習」這一行為而言，最重要的肯定就是晝夜節律。如果晝夜節律的變化和考試的時間配合得不好，那麼結果就可能很糟，也許自己的實力還沒充分發揮出來，考試

就已經結束了。

　　調整自己的晝夜節律，比如像經驗談中的這位同學一樣變成早起讀書，在剛開始時，肯定會因原來的節律被打亂而感到不習慣。這時，我們可以透過用涼水洗臉、待在有陽光照射或使用日光燈的環境中等方法，幫助自己調整節律。

　　另外，這位同學在經驗談中提到了「在參加入學考試的前一周，我還專門配合考試的時間，前往考場進行實地體驗」。雖然這一點和生理時鐘無關，但也是一種非常有趣的技巧，因為這種技巧利用了大腦的預測功能。像這樣進行預演後，大腦會無意識地開始「排練」，這樣在考試當天，就能減少答題以外的其他事所帶來的精神壓力了。

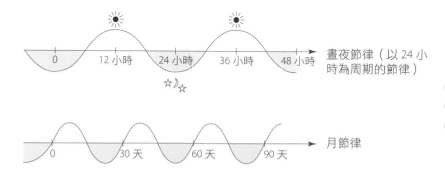

4-2 夢能培養學習實力

▷ 記憶恢復

前面我為大家講解了睡眠，特別是做夢的重要性。其實對於大腦而言，「做夢」還能發揮其他重要的作用。

不知讀者是否有過以下這些奇妙的經歷：學過的內容在過了一段時間後，理解得更為深刻了；之前怎麼也想不明白的知識，突然在某一天就恍然大悟了；練鋼琴時，有一段曲子怎麼也彈不好，一賭氣之下就去睡覺了，第二天早上起床後再彈，居然能流暢地彈出來，等等。

這種不可思議的現象叫作「記憶恢復」（reminiscence）。出現這種現象，說明在我們睡著之後，大腦中的資訊，獲得很清楚的分類整理。也就是說，做夢時我們的記憶能得到鞏固，就像葡萄酒一樣，在沉睡中逐漸熟成了。

但反過來說，這也意味著在我們學到某些知識以後，需要等待一段時間，才能讓記憶恢復，從而充分發揮作用。相對於剛剛記住的知識，大腦更容易利用的，是已經整理好的、幾天前學習的知識。

當然，我們也不能就這樣，把希望全都寄託在記憶恢復效果上，變成一隻每天只會睡覺的懶蟲。但要想更高效地學習，保持充足的睡眠還是很重要的。

快速動眼期睡眠

其實人的睡眠也是有節律的，只是因為我們已經睡著了，所以沒怎麼意識到這一點。人的睡眠過程，一般由淺層睡眠和深層睡眠呈周期性反覆交替進行，一個周期大約持續 90 分鐘。當人處於淺層睡眠時，雖然本人已經睡著了，但是眼球會無意識地快速轉動，這種睡眠狀態叫作「快速動眼期睡眠」（rapid eye movement sleep，REMS）。也有研究人員認為，眼球之所以會快速轉動，就是因為睡著的人正在做夢。

當我們睡著時，淺層睡眠和深層睡眠會反覆交替多次（一般為 4～6 次）。一旦達到充足的睡眠時間，我們就會在淺層睡眠結束時自然地醒來。但是如果在深層睡眠時被鬧鐘強行叫醒，那麼醒來後我們的心情就會變得非常糟糕，精神也比較恍惚，而且這種意識模糊不清的狀態會持續一整天，讓人非常難受。如果這樣的狀況發生在考試當天，那可就太糟糕了。

為了能頭腦清醒地度過一整天，最穩妥的辦法，就是讓自己能在適當的時間醒過來。每個人的睡眠周期都不相同，因此把握好自己的節律非常重要。當然，平時也要注意建立並維護好正常

的睡眠節律,儘量每天都在同一時間睡覺、同一時間起床。

目前,市面上有一些能透過監測睡覺時的翻身時間等指標來測定睡眠週期,同時帶有起床鬧鐘功能的手環出售,大家可以買一款試試。此外,手機上一些具有類似功能的 App 也很方便,例如 Sleep Cycle alarm clock 等。

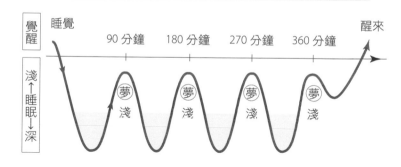

【睡眠時間為 6 小時的情況】

4-3 睡眠和記憶

▷ 睡眠可增加記憶的「質」

我曾在上一章中提到，θ 波能促使人腦產生 LTP，對記憶大有裨益。有趣的是，腦在白天產生的 θ 波並不一定很強。其強度最大的時間，其實是在夜晚入睡之後，特別是當我們處於淺層睡眠狀態時。

針對睡眠和記憶間的關係，曾經有人做過這樣一個實驗（註 4-1）：讓參與者先參加一次語言學方面的測試，再學習相關知識，然後再次進行測試，比較前後兩次測試成績的變化。

如果參與者認真學習了相關知識，那麼第二次測試的成績，當然會比第一次高。不過，如果先讓參與者在學習後，按照平時的習慣入睡，等到第二天早上再進行測試的話，可以發現這次測試取得的成績，比在學習後直接參加測試的成績還要高。

註 4-1　Fenn, K.M., Nusbaum, H. C. & Margoliash, D. Consolidation during sleep of perceptual learning of spoken language. *Nature* 425, 614-616 (2003).

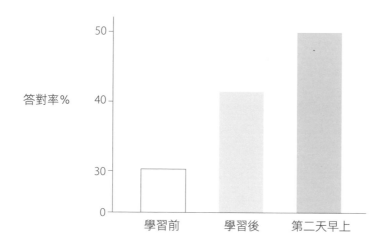

記憶透過睡眠而得到整理

　　知識量的增加導致成績的提高，這是理所當然的事。可是睡覺應該不會讓知識總量再增加了才對，為什麼成績反而能提高更多呢？這大概是因為那些剛被塞入腦中的知識，其實都還處於雜亂無章的狀態，大腦無法立即使用它們吧。這種狀態下，再寶貴的知識也不過是「英雄無用武之地」罷了。

　　對大腦中雜亂無章的知識進行分類整理，使之轉變為「可用」狀態，這正是睡眠的作用之一。睡覺雖然不能增加知識的「量」，但卻可以改變知識的「質」。在這個實驗中，正是因為人腦在參與者睡覺時，將知識轉變成能被其有效利用的形式，所以才會出現「隔日早上的測試，取得的成績更高」

這種不可思議的現象。

不僅如此，睡眠還能使人靈光乍現（註 4-2）。如果在前一天晚上，大致看了一遍題目再睡覺，那麼第二天早上答題時，腦海中閃現新思路的機率就會高很多。因此，在睡覺前把題目看過一遍，也是一種很重要的學習技巧。

▷ 午睡也有鞏固記憶的功效

順便一提，不僅夜晚的睡眠具有鞏固記憶的效果，午睡也同樣有效（註 4-3）。如果時間允許，大家可以試著在結束上午的學習後睡一個午覺，半小時左右即可。

有些人本來在考試前就緊張得睡不著，現在又知道了睡眠的重要性，壓力可能會變得更大，因為會擔心自己一直睡不著，讓好不容易記住的知識無法得到鞏固。**請大家放心，睡眠發揮作用的重點並不在於「睡著」，而是在於要「停止向腦輸入資訊，給腦整理資訊的時間」**。實際上，即便人處於清醒狀態也不要緊，只要安靜地待著，海馬迴就會開始整理資訊（註 4-4）。

註 4-2　Wagner, U., Gais, S., Haider, H., Verleger, R. & Born, J. Sleep inspires insight. *Nature* 427, 352-355 (2004).
註 4-3　Mednick, S., Nakayama, K. & Stickgold, R. Sleep-dependent learning: a nap is as good as a night. *Nat Neurosci* 6, 697-698 (2003).
註 4-4　Karlsson, M.P. & Frank, L. M. Awake replay of remote experiences in the hippocampus. *Nat Neurosci* 12, 913-918 (2009).

因此，僅僅是在靜謐的房間裡閉上眼睛放空自己，就能達到和睡覺一樣的效果（註4-5）。很多失眠的人都苦於無法入睡，而變得焦慮不安，其中一些人實在無法忍受這種痛苦時，往往會起身去看電視或者讀書，藉此打發時間。其實這樣做是不正確的，因為資訊一旦進入大腦，這段清醒的時間，就達不到和睡眠時間相同的效果了。

　　請大家就算在睡不著時，也不要看電視或看書，把房間內的燈光和音樂都關掉，就這樣躺在被窩裡等待天亮吧。不要在意自己睡不睡得著，只要讓腦安靜地工作就好了。有些失眠的人，正因為抱有一種「睡不著也沒關係」的心態，精神壓力反而得到緩解，最終竟然能自然而然地睡著了。

　　最後要提醒大家的是，邊睡覺邊聽學習軟體的「睡眠學習法」，其實並沒有什麼效果，所以還是不要去打擾在我們睡覺時，仍然努力工作的腦比較好。

註4-5　Gottselig, J. M., et al. Sleep and rest facilitate auditory learning. Neuroscience 127, 557-561(2004).

恢復精神和注意力

曾經有人這樣詢問我:「如果一直以同一種姿勢聚精會神地學習,精神很快就開始渙散了,無法集中注意力,這時該怎麼辦呢?」此時,我們不妨試著稍微活動一下身體,或者聽幾分鐘音樂來恢復精神。

在這裡,我想向大家介紹一種自己使用的、能提高注意力的方法,我將其命名為「雞蛋法」。剛開始使用這種方法,可能需要花費 3 分鐘,習慣後只要 30 秒左右就能完成了。

首先,請大家閉上雙眼,想像自己正頭戴一頂尖尖的三角帽、手裡拿著一個水煮蛋。接著,將水煮蛋輕輕拋起,用另一隻手接住,然後再次拋起,用最開始拋水煮蛋的手接住。

就像這樣,把水煮蛋在兩手間來回拋接數次後,請再嘗試著用自己的慣用手,將水煮蛋輕而穩地放在帽尖上。成功後,一邊將注意力集中在水煮蛋上,一邊緩緩睜開雙眼,此時注意力應該就能集中在眼前的書桌上了。

一旦我們習慣使用這樣的方法,就可以省略反覆拋接的環節,直接將水煮蛋立於帽尖即可集中注意力。

另外，如果在視野中出現「加油」「非常棒」等積極向上的鼓勵標語，即使本人沒怎麼意識到，也能實際地發揮鼓舞人心的作用（註4-6）。所以，如果在書桌前貼上「我一定會成功考上大學！」「目標：ＸＸ大學！」等標語，也許能收穫不錯的效果呢。

註 4-6　　Aarts, H., Custers, R. & Marien, H. Preparing and motivating behavior outside of awareness. *Science* 319, 1639 (2008).

4-4 學習需要持之以恆

▷ 「集中學習」與「分散學習」

接下來就讓我們來了解，兩種能夠有效利用睡眠發揮效果的學習方法。

相信很多人都有考試前臨時抱佛腳的經驗吧。請大家先思考一下：臨時抱佛腳到底有沒有用？

其實在記憶研究領域中，我們用專業術語「集中學習」代指「臨時抱佛腳」的學習方法，「集中」一詞表示這種學習方法，要在短時間內一口氣學完所有內容。與之相反，每日持之以恆的學習方法，則被稱為「分散學習」。這裡的「分散」並不是指注意力不集中，而是指將學習活動分散在不同的時間進行。

那麼，哪一種學習方法的效率更高、記憶效果更好呢？為了解答這個問題，研究者進行了以下實驗（註4-7）：將參與者分為兩組，分別進行分散學習和集中學習，在學習的

註4-7 Litman, L.& Davachi, L. Distributed learning enhances relational memory consolidation. *Learn Mem* 15, 711-716 (2008).

總時數相同的前提下，讓兩組參與者記憶相同的片語並進行測試。兩組的區別在於，集中學習小組在測試的前一天，一口氣學完所有片語；而分散學習小組則在測試前，分兩天來學習片語。

那麼測試結果如何呢？令人驚訝的是，兩組取得的分數基本相同。也就是說，從「測試成績」的角度來看，無論採用哪種學習方法都差不多。

▷ 培養長期學習實力，較推薦「分散學習」

但是，如果在第一次測試過後的第二天再次進行測試，兩個小組之間就出現差別了。

第二次測試是突擊測試。由於沒有事先告知，兩組參與者都沒有做任何準備，因此測試分數普遍有所下降，但分數下降的程度卻有區別。從第二次測試的結果中我們可以看出，分散學習小組的遺忘速度較慢，而一股勁兒學完所有片語的集中學習小組，很容易把這些片語一下子忘光光。

兩組的測試結果，之所以會產生這樣的差異，就是因為分散學習小組，在為期兩天的學習過程中有過一次睡眠，所以記憶得到了鞏固。

話說回來，在第一次正式測試中，兩組之間並沒有產生

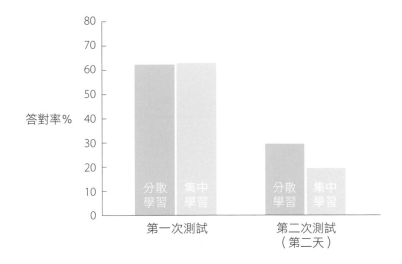

 慢慢記憶的內容會記得更牢固

答對率%

80
70
60
50
40
30
20
10
0

分散學習　集中學習　　　　分散學習　集中學習

第一次測試　　　　第二次測試
　　　　　　　　　（第二天）

明顯的分數差別，這的確是事實。但正因如此，大家才更需要注意，那就是習慣集中學習的人，很容易產生驕傲自滿的心態，覺得自己「悟性高」，每次只要考前臨陣磨槍一下，就能取得和每天都認真學習的人一樣的分數。

在這裡希望大家明白的是，雖然看起來使用兩種學習方法取得的成績相同，但**如果從培養長遠學習實力的角度來看，還是堅持每天勤勉認真的分散學習法更有利。**

生理時鐘

大家都在什麼時間學習呢？早上、白天還是晚上？實際上，人體內部存在著各種呈周期性變化的節律，細胞都是按照規定的時間來活動的。一天之中的節律變化又叫「晝夜節律」，它由大腦中的視交叉上核（suprachiasmatic nucleus，SCN）來控制。

當然，肯定有人習慣早起，也有人喜歡當夜貓子。但請大家不要忘記，考試都是在白天進行的，而那些習慣在深夜念書的人，到了考試當天，就不得不從夜貓子轉變為早起鳥。就像去遙遠的國外旅行一樣，很有可能出現時差症候群。

事實上，當人出現時差症候群時，海馬迴中的細胞會一點一點死亡，從而導致記憶力下降（註 4-8）。正因如此，很少有航空公司會大幅調整國際航線空服員的飛行時間表。所以，為了取得更好的考試成績，大家還是盡可能在白天讀書複習比較好。

此外，如何度過周末也是一個問題。譬如，有人喜歡在周末大睡特睡，這就相當於主動為自己製造時差，簡直就是在虐待腦。所以，休息日也應該和平日一樣，盡量在相同的時間起床。

註 4-8　Cho, K. Chronic "jet lag" produces temporal lobe atrophy and spatial cognitive deficits. *Nat Neurosci* 4, 567-568 (2001).

即使醒來之後還是特別睏，也不要睡回籠覺，等到中午再睡個午覺就好了。

　　生理時鐘不只有晝夜節律，還有周節律、月節律、年節律，等等。就周節律而言，曾經有相關報告指出，一周之內周五和周六的學習效率最高，這種現象又被稱為「星期五效應」。雖然該效應尚未得到科學證實，但在周末也認真學習，這可能是個不錯的選擇哦。

4-5　睡前是記憶的黃金期

▷ 最佳的記憶時間

　　第二種能有效利用睡眠效果的學習方法，與學習的時間有關。在這裡同樣要請大家先思考一個問題：最佳的記憶時間，到底是在早上還是在晚上呢？

　　對此，也有研究者進行了相關實驗。將參與者分為兩組，讓他們分別在早上和晚上學習，然後進行測試，比較兩個小組的「遺忘速度」（註 4-9）。測試共分 3 次，分別在①馬上記住後，② 12 小時後，以及③ 24 小時後進行。

　　晨間學習組在 12 小時後（即夜晚）進行的測試中，成績出現了大幅度的下降。可能是因為白天經歷了很多事，所以導致早上的記憶有所減退，這也是正常的。不過在睡了一覺之後，也就是在 24 小時後進行的第 3 次測試中，該組的分數又稍微回升了一些，只是這種睡眠效果，也沒能發揮出太大的作用。

註 4-9　Brawn, T. P., Fenn, K. M., Nusbaum, H. C. & Margoliash, D. Consolidation of sensorimotor learning during sleep. *Learn Mem* 15, 815-819 (2008).

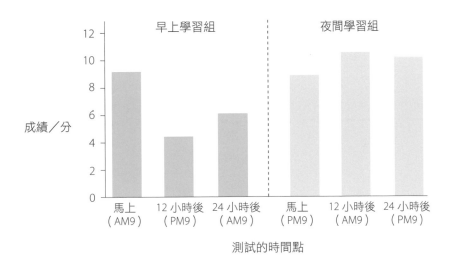

睡前是記憶的黃金期

早上學習組　　　　　　　夜間學習組

成績／分

測試的時間點

馬上（AM9）　12 小時後（PM9）　24 小時後（AM9）　馬上（PM9）　12 小時後（AM9）　24 小時後（PM9）

▷趁還沒忘記趕快睡覺

反之，夜間學習組在接受第一次測試後馬上睡覺，成績由此得到顯而易見的提升，甚至拿到晨間學習組絕對拿不到的分數。也就是說，趁著還沒忘記剛記住的知識就趕快睡覺，這算得上是保持記憶的一項鐵則了。因此可以說，在晚上記憶要比在早上記憶的效果好。

請注意，這裡所說的「晚上」並不等同於「熬夜」，即「夜間學習」並不是指「在深夜裡學習」，而是指「在睡覺前學

習」。在和平時一樣的時間內睡覺，是夜間學習的重點。

對於大腦而言，睡覺前的一到兩個小時是記憶的黃金時間。我自己也有在晚上睡覺前一定要工作一會兒的習慣。

4-6 能有效利用全天時間的學習方案

　　結合前文講解的睡眠效果和獅子記憶法，我試著將個人認為能有效利用全天時間的學習方案，做成一張表格。

　　先為大家簡單說明此方案中關於時間安排的要點，也可以當作是對前文內容的複習。

1. 飯前處於饑餓狀態，正適合學習。

2. 睡覺前也是學習的黃金期。

3. 早飯或晚飯後處於飽腹狀態時，不學習也沒關係。讀課外書、看電視，或者玩遊戲都可以，做一些自己感興趣的事，能讓我們的生活更加豐富多彩。

4. 午後如果實在睏得堅持不住，不妨睡個午覺，不要有什麼顧慮。

5. 如果早就決定要睡午覺，那麼應該在午睡前的這段時間內抓緊學習。

▶ 複習的科目也有最佳時段

除了對學習時間進行合理的安排，我在制訂方案時，還具體考慮到在各個時段內，應該學習哪些科目。睡覺前非常適合學習那些需要記憶的科目，像是地理、歷史、生物，或者背誦英文單字；上午可以說是人在一天之中最清醒的時間，用來學習對邏輯思維能力要求比較高的科目較適合，如數學、語文、物理和化學等；最後，因為在早上剛起床的這段時間內不適合背誦，所以只要做一些簡單的計算或者複習就可以了。

▶ 拒絕睡太多的「甜蜜誘惑」

也許有人想問，我們每天到底應該睡多久才比較合適呢？其實，在睡眠時間方面個體差異很大，不能一概而論。雖然人類的平均睡眠時間是 6 ～ 7.5 小時，但是有人睡 3 小時就足夠，有人則必須睡上 10 小時才行。這種個體差異可能和遺傳有關，不是透過努力就能改變的。

在我個人的印象中，很多人都覺得「能睡是福」，平日裡的心願也是「能多睡就多睡」。因此，在被問及理想的睡眠時長時，人們通常傾向於回答稍長一點的時間。

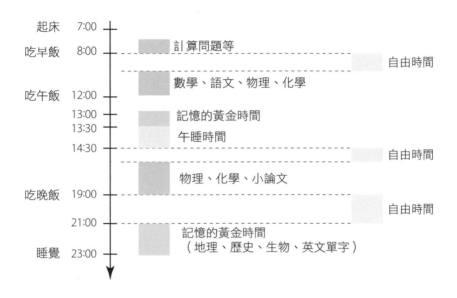

起床	7:00	計算問題等	
吃早飯	8:00		自由時間
		數學、語文、物理、化學	
吃午飯	12:00		
	13:00	記憶的黃金時間	
	13:30	午睡時間	
	14:30		自由時間
		物理、化學、小論文	
吃晚飯	19:00		
	21:00		自由時間
		記憶的黃金時間 （地理、歷史、生物、英文單字）	
睡覺	23:00		

　　雖然像這種想要多睡一會兒的心情可以理解，但是拒絕睡眠的「甜蜜誘惑」、認清自己真正需要多少睡眠時間也同樣重要，只有這樣，我們才能制訂出高效合理的學習方案。在學生時期，我堅信自己每天必須睡 8 ～ 10 小時，頭腦才能正常運轉，但後來經過某次嘗試，發現自己其實只睡 5 小時左右就足夠了。

第 **5** 章

模糊的大腦

會學習的狗（米格魯）

5-1 記憶的本質

本章我們將圍繞動物的腦的基本性質展開講解，並由此思考最佳的學習方法。

大家聽說過由達爾文提出的「進化論」嗎？該學說認為，與《聖經》描述的不同，人類並非由上帝創造，而是從原始動物逐步進化成為靈長類動物的。達爾文指出，微生物、昆蟲、人類等所有生物都有著相同的起源。

這一學說同樣適用於腦。腦最開始出現在蟲子般微小的動物身上，之後其機能逐漸複雜、體積慢慢增大，最終進化成人腦。如果要追溯人腦的起源，可以說其原型存在於更為原始的動物的腦中，即人腦的「本質」就存在於動物的腦中。

接下來要提到的就是本章的重點了。動物或蟲類的腦比人腦簡單得多。在動物的腦中，對維持生命比較重要的部分占據著大部分的腦機能。因此，如果認真觀察動物的腦的性質，我們就能從中發現，那些無法從人腦中順利觀察到的「腦的本質」。

與動物的腦不同，人腦具備很多與「維持生命」這一目的沒有直接關係的高級能力。這些能力具有「裝飾性」，很容易掩蓋腦的本質。如果只觀察人腦，我們是無法理解其實際形態的，所以研究人員常常將除人類以外的動物作為研究素材。這些素材種類多樣，小至蚯蚓（鼻涕蟲）等蟲類，大至猿等類人動物。在此即將為大家介紹的是利用犬類進行的實驗。透過觀察狗的學習過程，我們就可以發現腦讓人意想不到的一面。

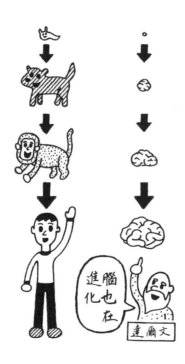

外在動機

　　讓海獅和猴子等動物學習表演時，人類常用「食物」作為回報。在心理學領域，我們將這種獎賞稱為「外在動機」。

　　外在動機似乎也常常被應用到學校的學習上。「如果這次你總考不好的數學能考到 80 分，我就讓你買你喜歡的東西」，有的學生應該就是得到了父母的這種承諾，才努力學習的吧？還有人會經常自我鼓勵，想著「考完試我就要去遊樂園玩」。

　　儘管有些人挑剔地認為這些方法「動機不純」，但在心理學中，這種利用外在動機的方法卻作為一種有效的手段，而得到了廣泛的認可。事實上，如果缺乏外在動機，學習能力會嚴重下降——這一點已經取得證實。甚至對於動物而言，牠們通常會在缺乏外在動機的情況下，完全喪失學習能力。

　　外在動機的獎賞，不一定是物品或金錢等肉眼可見的東西，「做成某件事」獲得的成就感，也是一種外在動機。比如，實現目標後的喜悅之情，就稱得上是一種回報。

　　因此，在學習時一定要設定目標。人們常說「志當存高遠」，

但這樣一來，不僅會導致實現目標後獲得回報的次數減少，而且當目標無法實現時，難免會使人產生一種挫敗感。所以學習的關鍵在於，在設定較大的最終目標的同時，還應該設定一些小目標，即比較容易實現的目標。

我每天都會設定一些能完成的、低層次的小目標，以激勵自己持續學習。正因為每天都能獲得小小的回報，我才能堅持下來，不斷地向最終目標前行。

面對失敗，
不氣餒的態度最重要

▷ 小狗與電視機的實驗

相信養過狗的人都知道，狗這種動物相當聰明，可以學習複雜的指令。

但是，如果想讓狗記住某些資訊，我們需要給予適當獎勵，讓牠們心情愉悅，比如投餵食物、撫摸，或者帶牠出去散步等。這裡我們以食物作為獎勵，嘗試進行一個實驗。

如圖所示，我們先把狗帶到電視機前讓狗觀察螢幕，同時在電視機下方設置一個按鈕。如果電視螢幕中突然出現一個圓形，那麼在此時按下按鈕就能獲得美食。這個裝置對於人類而言非常簡單，但對於狗來說卻有一定難度，因為我們無法透過語言告知其獲得食物的方式。但也正因如此，我們才能透過這個實驗看清腦「學習」的本質。那麼，參與實驗的狗會如何獲得食物呢？透過觀察狗的學習過程，我們能發現有趣的記憶祕密。

狗的世界不像人類世界，有高度發達的文明。當然，對於狗來說，電視機是其出生後才見到的機器，牠們也不知道

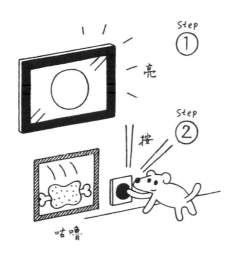

眼前的按鈕代表什麼，甚至不知道可以按下按鈕。更何況電視機螢幕還會突然出現 一個圓形，這真是令牠們不知所措。

就在某一刻，狗偶然按下了按鈕，美味的食物出現了，這純屬偶然。但是，當發生過幾次這樣的偶然後，狗就會注意到「按下按鈕」與「獲得食物」間的關係。到此為止，這是學習的第一階段。

▷ 學習是掌握事物的串聯性

換言之，學習可以說就是掌握事物串聯性的過程，學習的本質就是把之前各自獨立的資訊在腦中串聯起來。雖然在

以上實驗中，串聯起來的是按鈕和食物間的關係，但是把情景換成背誦英文單字也是相同的。就像「go ＝去」這樣，把英語和母語串聯起來的過程就是學習。

那麼，狗在成功通過學習的第一階段後，接下來會採取怎樣的行動呢？一旦發現按鈕和食物間的關係，狗就會在「想要獲得食物」這一動力的驅使下，不停地按下按鈕，但並不是每次按下按鈕都可以得到食物。如果電視螢幕未出現圓形，那麼即使按下按鈕也不會有食物出現。在經過多次失敗後，狗會突然意識到這一點。

當狗終於明白螢幕中出現圓形和按鈕間的關係後，這個實驗課題才算圓滿完成。在此之前，狗進行了數十次乃至數百次的反覆試錯。這樣不對，那樣也不行……在經歷過各種失敗後，狗才能注意到二者間的關係。世上絕對沒有突如其來的成功，只有一邊思考失敗的原因、一邊不斷地思考解決方法，我們才能得到最終的答案。

也就是說，我們也許需要經歷多次失敗，才能獲得一次成功，不經過反覆的失敗，就難以形成正確的記憶。正如菲爾普斯（註 5-1）所言：一個人沒有經歷過失敗就很難有所作為。記憶正是透過「失敗」和「反覆」得以形成和強化的。

註 5-1　愛德華‧約翰‧菲爾普斯（Edward John Phelps），美國律師和外交家，美國律師協會創始人之一。
　　　　——譯者注

▶ 失敗後必須確認解決方案

大家的學習也是如此。在前文中我曾多次強調過「反覆」，即複習的重要性。同時，經歷「失敗」也很重要，比如答錯題、因疏忽大意而出錯、考試拿到的分數很低，等等。

每次經歷失敗後，我們都應該思考下一次要怎麼做才能成功。如果還是失敗了，就再次思考其他解決方案……像這樣不斷輪迴下去。**失敗的次數越多，就越能形成準確牢固的記憶。**即使偶爾取得了幾次不錯的成績，對於大家來說，其實也並沒有什麼實質性的收穫。

所以，即使考試成績不理想，也沒必要悶悶不樂，大家可以**轉換思維，把它當作一件好事而非壞事。**失敗後最重要的是帶著疑問找出原因，並想出解決方案。參與實驗的小狗們在失敗之後也沒有悶悶不樂，而是不斷探索其他方法。這種態度正是能儘快得出正確答案的祕訣。

沒錯。無論失敗多少次，都要確立下一步的解決方案，利用排除法進行自我修正——這也是腦的機制。因此，對於學習來說，「善於反省」和「保持樂觀」也很重要。

我們需要透過自身這扇窗戶觀望世界，所以必須不斷磨礪自己。——蕭伯納（劇作家）

偏好效應

　　大家在吃飯時，會先吃完自己喜歡的食物，還是把它們留到最後才吃？

　　教育心理學中有「偏好效應」這一概念。「偏好」一詞用在這裡可能會讓人感覺有點奇怪，但其實它的意思很簡單，就是「在學習中發揮長處」。與其在不擅長的領域悶悶不樂，不如充分發揮長處，這樣成績才能得到整體的提升。對於實在學不會的部分，我們可以不去管它，這也是一種好方法。

　　偏好效應不僅可以應用到長期的學習過程中，也可以應用在考試等短時間的活動中。也就是說，在正式考試時，要想實實在在地拿到志在必得的分數，就得先從自己有把握的題目開始著手。在此過程中，我們會慢慢建立自信，幹勁自然而然地增加，注意力也會提高。

　　所以，把喜歡的食物放到最後才吃的做法，還是只在吃飯的時候做就好了。另外，日本有些大學下設的學院，會在入學考試時根據需要，調整科目的比重。比如，當這些學院想要錄取數理成績比較優秀的學生時，就會把數學和理科科目的滿分設為 150 分，

把語文和社會科目的滿分設為 75 分。但實際上，報考這些學院的一般都是對理科比較有自信的學生。也就是說，他們在理科類的考試中都能拿到比較高的分數，所以主要科目的成績不會有太大差距。因此，最後的結果反而與學校的意圖相悖。能否考取理工學院是取決於語文成績，而能否考取經濟學院則取決於數學成績。乍看之下這好像是矛盾的，但在實際的考試中的確會出現這種現象。

　　因此，我們不僅要了解自己擅長的科目是什麼，還要思考在入學考試時，這些科目對於報考大學具有怎樣的意義，然後才能擬定適當的應試策略。

5-3 人腦和電腦的差異

▶ 類比訊號與數位訊號

我在第 1 章中提到過，人腦與電腦一樣，都具有「保存資訊」（記憶）的功能，同時還有其他一些共同點，例如人腦具有與 RAM 和硬碟類似的儲存機制等。

然而，透過狗的學習實驗，想必大家應該能發現人腦的性質與電腦的性質有很大的不同。我們都知道，電腦只要透過一次記憶就能完全學會所學內容。僅需按一下「保存」鍵，用電腦寫的文章、畫的圖畫、玩的遊戲等，就能被完整地保留下來，而且不會出現任何差錯。

實驗中狗所面臨的難題，電腦完全可以輕鬆完成。比如，透過內置的電腦程式，給機器人下達「在螢幕出現圓形時按下按鈕」的指令後，機器人馬上就可以完成任務，而不需要像狗那樣反覆摸索嘗試。機器人不會出錯，它只需要學習一次就能準確地記住正確答案。

接下來要為大家講解的內容，可能會稍微帶有一些專業性。首先，我們必須清楚地認識到，人的腦神經迴路和電腦

程式間的差異。

　　我在前文中提到過，電腦會將所有資訊轉化為數位訊號 0 和 1 後再進行處理，準確且完整的保存下來，所以不論是黑還是白，是○還是 X，它都不會搞錯。

　　然而，人腦不僅健忘，而且很難做出準確的判斷，因此經常會得出錯誤的答案。看起來，大腦和電腦處理資訊的方式似乎大不相同。接著，就讓我為大家講解一下二者各自的運行機制吧。

　　與電腦相同，在人腦的神經迴路中傳遞的也是電訊號，只不過電腦透過電流傳遞訊號，而人腦神經則是透過離子（鈉離子）來傳遞訊號。由於二者都傳遞數位訊號，所以在傳遞過程中，從訊號源頭發出的資訊不會發生任何變化，在這一點上彼此是相同的。

　　接下來要敘述的就是雙方的不同之處了。人類的神經元透過神經纖維形成迴路，但各個神經纖維之間並沒有物理性接觸。與電路不同，神經迴路並不是一個緊密相連的整體，纖維和纖維之間存在著微小的間隙。

　　因此，在纖維上傳遞的電訊號必須透過「換乘」，才能傳遞到下一個神經元。這就像是要乘坐電車從札幌到博多，但是由於沒有直達列車，所以必須要在中途車站換乘一樣。

　　在神經迴路中，這個換乘站就是「突觸」（synapse）。

雖然突觸與突觸間的間隙很小，只有頭髮粗細的五千分之一，但這樣微小的間隙還是會導致電訊號無法傳遞下去。

電訊號在這個間隙中，透過乙醯膽鹼或麩胺酸等化學物質進行轉換（電訊號——化學訊號——電訊號），從而完成資訊的交接。交接之後，如果電訊號比較弱，那麼就意味著在電訊號的「翻譯」轉換過程中，化學物質的釋放量很少。也就是說，突觸傳遞類比訊號而非數位訊號。

▶▷ 人腦擅長使用「排除法」

要是人腦也能像電腦那樣，透過數位訊號 0 和 1 機械又如實地傳遞訊號就好了。但不知道這是幸運還是不幸，神經突觸使用的卻是類比訊號。

實際上，人腦之所以與電腦不同，正在於它能夠對傳遞訊號的強度進行微妙調整。人腦神經迴路中的資訊傳遞，不會像接力賽跑的運動員那樣，在拿到接力棒後只是單純地把接力棒傳遞下去，而是可以自由地調整所傳遞的資訊量。這就是「思考」的源泉。

但另一方面，使用類比訊號意味著資訊可能發生變化，也就是會變得模糊。

正因為人腦具有這樣的性質，所以要想得到正確答案，我

化學物質的量決定了訊號的強弱

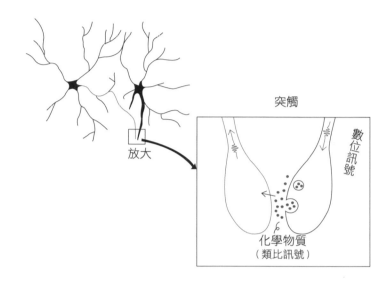

突觸

數位訊號

放大

化學物質
（類比訊號）

們就必須反覆摸索嘗試。失敗之後思考失敗的原因，並擬定下一次的應對策略，然後再次失敗……要如此循環往復多次。

　　看到這裡大家應該已經明白了吧？由於人腦透過類比訊號進行記憶，所以比起一次性記住全部資訊的方式，人腦更擅長使用「排除法」。數位訊號只是呆板、機械地保存資訊，而人腦採用的卻是排除錯誤、最終留下正確答案的方法。在自然環境下，動物永遠無法預測接下來等待牠們的是什麼。面對未知複雜的環境，動物採用模擬式的排除法再合理不過了。

▶ 學習的 3 個要素

人類的學習也同理。它有三要素，分別是：

1. 不畏失敗的毅力；
2. 解決問題的能力；
3. 樂觀的性格。

看到這裡也許有人會想：「什麼呀，難道結論就是這些？」雖然令人沮喪，但很遺憾，事實的確如此。

不過，現在失望還為時尚早。其實我們有辦法可以讓狗學習得更快，而這也正是能提高學習效率的祕訣。

感到「有趣」的瞬間

在感到某種事物「有趣」之前，我們都需要付出一定的時間和努力。我現階段在高中學習的課程，幾乎都不是因為自己覺得「有趣」才開始學習的。

細細想來，我都是因為「這是學校的必修課」或「這是大學入學考試的必考科目」等理由，而被動地選擇了這些課程。到頭來，所學的知識在各階段的考試結束後會逐漸被忘記，這樣的學習到底意義何在呢？我甚至覺得，相較於這種學習方式，在職業高中或專科學校裡，只專注地學習自己喜歡的學科會更加有益。

如果在為期 1 年的學習過程中始終感覺不到「有趣」，那麼 3 年後大概就會忘記大部分所學知識，10 年後甚至會把它們全都忘掉了吧？這樣說來，1 年中所花費的「50 分鐘 × 4 節課 × 35 周」的時間不就白白浪費了嗎？

這麼一想真是讓人鬱悶，於是我開始深入鑽研學習內容，直到覺得「有趣」為止。在感到「有趣」的瞬間，這場黑白棋遊戲的形勢也發生了大逆轉。（高二 · 愛媛）

作者之見

　　這位同學說得特別好。美國前總統林肯曾這樣擲地有聲地說：「生而為人，我們有義務把人生活出價值。」既然與別人花費了同樣多的時間學習，那麼就不能讓付出的努力白費——這種想法很重要。「黑白棋遊戲」是一個很有趣的比喻。在現實中，即使將來你有幸從事了與自己的興趣愛好相關的工作，也一定會面臨很多痛苦和挫折。到了那時，還能保持現在的這份毅力和信心努力做下去，就顯得非常重要了。今後也請繼續加油吧。

　　因寒冷而發抖的人，最能體會到陽光的溫暖。

　　　　　　　　　　　　——惠特曼（Walt Whitman，詩人）

5-4 客觀評估自己的學習實力

▷ 先分解步驟，再分段記憶

讓狗學習得更快的祕訣到底是什麼呢？

很簡單，只需要把教學的步驟分解開就可以了，也就是先分解學習步驟再循序漸進地記憶。

就像前面提到的狗的學習實驗，如果冷不防地讓狗坐在打開的電視機前，牠們是不可能很輕鬆地學會「獲得食物」與「按下按鈕」這兩者間的關係的。有的狗甚至會進行幾百次錯誤嘗試。這是因為在該實驗中同時存在兩層因果關係，即「按下按鈕後出現食物」，以及「在螢幕出現圓形後按下按鈕」。

我曾在前文中提過，「學習可以說就是掌握事物串聯性的過程」，亦即把之前各自獨立的資訊串聯在一起，而狗的學習實驗，相當於同時進行兩種串聯性學習。

逐二兔者不得一兔。同時讓狗記住兩件事當然很困難。為了讓牠能更高效地記憶，我們可以把學習過程分解為兩步，然後逐步地、認真地引導狗進行學習。

像是可以先將裝置簡化，無論電視螢幕是否出現圓形，只要按下按鈕就能得到食物。在此種模式下，讓狗在電視機前觀察、嘗試，直到牠能完全記住兩者間的關係。之後再把裝置改成只有在亮起的螢幕中出現圓形時按下按鈕，才會有食物出來，然後讓狗再次慢慢地記住兩者的關係。這樣一來，狗的學習速度就可以大幅度地提高了。

並非同時學習兩種關係，而是讓狗分階段學習——看起來好像是捨近求遠，實際上卻可以大大提高學習效率。就此實驗而言，分解學習步驟後，狗失敗的次數可以減少到此前的十分之一，學習效率能因此提高十倍。

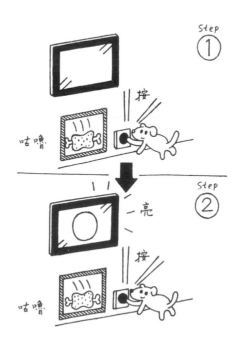

▶ 步驟分解得越詳細，學習效率就越高

當然，我們也可以把這種方法應用到學校的學習中。

無論你覺得這種方法多麼低效，只要肯踏實地按照步驟逐步學習，最後失敗的次數肯定會減少。不要一開始就挑戰高難度的問題，而應該先充實基礎，然後再逐漸提高難度——這樣才能儘快掌握學習內容。

我們將這種分步驟記憶的方法稱為「循序漸進法」。 **步驟分解得越詳細，學習效率就越高。**在狗的學習實驗中，我們只是把學習過程分解成兩步，就得到了比之前好十倍的效果。如果將步驟分解得更詳細，那麼效果將更加不可估量。

實際上，學校的教材就是按照從基礎知識到實際應用的順序分階段編寫的，而書店出售的參考書在編寫時，往往針對的是不同學習階段的學生，難度各不相同，請大家在購買時一定要注意。如果一年級的學生，一下子買了用於升學考試的參考書，這就太莽撞了。欲速則不達。雖然我可以理解這種想儘早掌握高難度知識的心情，但這絕對不是高效的學習方法，而是繞了遠路。

當你想要理解什麼的時候，不要捨近求遠。
——歌德（作家）

▷ 了解自己的實力，循序漸進學習

對於運動和樂器的學習也是如此，在學習新事物時一定要循序漸進。如果讓一個從來沒踢過足球的人從倒掛金鉤開始學習，恐怕他需要花費很長時間才能學會。不，說不定他會在練習中受傷，球技在幾個月內都沒有任何進步。大家一定要準確把握自己的學習實力，逐步克服自身弱點。

美國著名主持人大衛·賴特曼（David M. Letterman）說：「克服自己最大的弱點之時，便是人類擁有最偉大力量之日。」首先，最重要的就是要弄清楚自己的實力在何種程度。

如果某個人的數學能力只能達到小學水準，卻非要使用高中的教材和參考書，這簡直就是亂來。恐怕他無論怎麼努力，數學成績都很難提高。這時，他應該果斷放棄作為一個高中生的尊嚴，從小學生的算術練習題開始學習。這樣不僅可以減少時間和金錢的成本，也能取得相應的學習效果。

先要明確自己的弱點，然後逐步克服，切忌遠望目標而惶惶不可終日，我們要時刻牢記循序漸進的學習方法。

英國歷史學家卡萊爾（Thomas Carlyle）曾經這樣說道：「最重要的就是不要去看遠方模糊的目標，而是要做手邊最具體的事情。」

我們不僅要設立宏大的目標，還應該設置一些容易實現的小目標，慢慢進步。對於大腦來說，這才是高效的學習方法。無論做什麼事都應該一步一步地腳踏實地。

▶ 踏實完成每個小目標

前面跟大家講過，神經元的突觸可以改變資訊的傳遞量。

人腦與電腦不同，不會原封不動地傳遞或保存資訊。為了記住「相似的事物」，人腦會首先排除那些「不相似的事物」，所以它會經常犯錯，而這也正是人類的特性。

「明白」是一種什麼樣的狀態呢？「明白」其實就是「能區分」。所以，與其有閒工夫嘆息「我不明白、我真的不明白啊」，還不如對知識進行「區分」，回顧過往歷程，直至找到自己能理解的地方，然後再從那裡重新開始學習。

所謂「不明白」，其實就是「不能區分」，那就先盡可能地將學習過程分解成一個個小的部分吧。是的，**循序漸進法才是最有效、最快捷的學習方法**。我們應該把握大局，先粗略地將學習過程分解成幾大部分，然後進一步詳細地分解，並踏踏實實、一步一步地按照順序去學習。

學習就像用磚頭一塊塊地搭建房子。用紙糊的房子風一吹就倒，而用磚頭建造的房子就不那麼容易倒塌了。

參考書的難易程度

因為感覺自己起步比較晚，所以我一開始就買了高難度的參考書，但是花了很長時間學習也沒有任何進步。後來我又去了書店，試讀後選擇了一本自己能解答出書中 70% 左右問題的試題集。之後又經過兩個星期的學習，我的整體成績竟然提高了很多。

雖然為了買第二本試題集又花了一筆錢，但是我很慶幸自己當初下定決心重新買了一本。（高三・愛知）

作者之見

沒錯，選擇適合自己的參考書非常重要。我經常看到有人把學習目標訂得很高，然後對著高難度的試題集悶悶不樂。我個人並不是很贊成這種做法，因為這樣做很容易讓自己喪失自信，而且也可以說是在浪費時間。

請大家務必認識到，總有一些東西是無法用金錢換來的。對於這位發表經驗談的同學來說，等將來自己的學習實力提升到了相應的水準，完全可以繼續使用第一本參考書，所以其實這算

不上是什麼經濟損失。總之，對任何人而言，不要誤判自己現階段的實力才是最重要的。對此詳細的解釋可以參考上一節中關於「循序漸進法」的說明。

行動興奮

> 魔鬼和上帝在進行鬥爭，而鬥爭的戰場就是人心。
>
> ——杜思妥也夫斯基（作家）

人在學習時內心經常會感到糾結。「雖然深知學習的必要性，但卻怎麼都無法提起幹勁」——相信大家也一定有過這樣的感受吧？實際上，「提起幹勁」是學習過程中一項非常重要的因素，它可以說是學習行為的出發點。

因創立智力測驗而聞名世界的心理學家阿爾弗雷德・比奈，曾列舉出智力的三大核心要素，即邏輯能力、語言能力和熱情，而「熱情」正包含了「有幹勁」這一層意思。

我有時會見到父母或者老師這樣教育孩子：只要你想做，明明是可以做到的啊。但是，「只要想做就可以做到」其實等同於「做不到」，因為孩子缺乏學習的幹勁，進一步明確地說就是缺乏三大核心要素之一。那麼，怎樣才能提起幹勁呢？

「熱情」是由人腦中的依核等部位產生的。其位置接近人腦中心，尺寸非常小，直徑甚至不到 1 公分，但它的性質卻比較複

雜。要想讓依核活躍起來，就必須給予一定程度的刺激，否則它是運轉不起來的。

所以，人顯然不可能什麼都不做就讓自己燃起熱情，因依核沒有受到相應的刺激，人也就失去了幹勁。因此，每當感覺自己沒有幹勁時，首先要做的就是坐在書桌前開始學習——總之，要先刺激依核，等到慢慢地有了幹勁之後，就能集中精力學習了。俗話說得好，百思不如一試。學習這件事，只要能開始就相當於完成了一半。

再比如大掃除。雖然剛開始很不情願，但是只要開始動作，趁著這股勁頭，最後肯定能把屋子打掃得乾乾淨淨。想必大家都有過這樣的經歷吧？

這種現象被德國精神病學家埃米爾・克雷佩林（Emil Kraepelin）稱為「行動興奮」。一旦開始行動，狀態就會漸入佳境，注意力也能集中了——這就是行動興奮。喚醒依核需要一定時間，所以不管怎麼樣，先坐到書桌前不間斷地學習十分鐘再說，這種態度是非常重要的。

5-5 記憶原本就是模糊的

▷ 為何人腦不完美？

循序漸進法是提高學習效率一種可行的方法。

透過分解步驟學習來提高成績，這和電腦的「記憶」完全不同。無論有多少步驟，不管這些步驟多麼繁瑣，電腦都不必反覆試錯，一次便能準確無誤地記住全部資訊。人腦卻必須要經過多次失敗，踏踏實實地按照步驟來記憶才行。

這麼一想，電腦驚人的記憶力是多麼讓人羨慕啊。遺憾的是，人腦只會採用「排除法」這種笨辦法，也正因如此，我們才會在考試時因為想不起學過的知識而感到痛苦無比。

那麼，動物在進化過程中，為什麼會創造出這樣不完美的腦呢？

下面就讓我們一起思考其中的原因吧。人腦這種看似稍顯笨拙的特性，其實是有著深刻道理的。

為了探明其中的緣由，讓我們繼續回到狗的學習實驗吧。

這一次，我們試著加入新的實驗元素，即改變在電視畫面中出現的圖形。之前進行的實驗裡，畫面中出現的圖形為

圓形，而狗學會的是「在螢幕出現圓形時按下按鈕就能得到美食」。現在，如果我們把圓形換成「三角形」，而狗也是第一次見到三角形，接下來會發生什麼狀況呢？

結果顯示，即使看到的是三角形，狗也會毫不猶豫地按下按鈕。這看似平淡無奇的結果，卻隱藏著有關大腦本質的重要事實。

該實驗結果表明，對狗來說，圓形和三角形其實並沒有什麼區別，牠們只是對「螢幕出現圖形」這一現象做出反應。

此即腦與電腦最大的不同之處。對於電腦來說，圓形和三角形是完全不同的。如果我們告訴電腦「在螢幕出現圓形時按下按鈕」，那麼在螢幕中出現三角形時，電腦不會做出任何反應，因為它的記憶是完全準確的。

這樣看來，那些已經掌握了「握手」、「轉圈」等技能的狗，即使聽到了不同於訓練時發出指令的嗓音說的「握手」，也能很好地完成這個動作。因為對於狗而言，不管是誰下達指令都無所謂。與電腦相比，腦的記憶可以說是粗糙又隨意了，它甚至對圓形和三角形都不進行區分。

一般來說，記憶本來就不嚴密，甚至可以說是模糊而隨意的，這就是腦的記憶本質。接下來就讓我們一起思考這種本質的意義何在吧。

利用糖果和口香糖取勝

　　學長曾經告訴我，大學入學考試時一定要帶糖果或者口香糖。人腦雖然特別需要能量，但它只能吸收最容易轉化成能量的葡萄糖。從化學成分上來說，糖果是由兩個葡萄糖分子組成的蔗糖，所以吃了之後，馬上就會轉化為可讓腦運轉的能量。

　　嚼口香糖會使人頭腦清醒。這好像是因為臼齒在咀嚼時產生的震動會傳送到腦，使腦清醒起來。相反地，如果在考試前吃了牛排或者豬排（註 5-2），那麼出於消化的需要，血液首先會聚集到腸胃，所以等牛排和豬排的能量到達人腦時，恐怕考試早就已經結束了。

　　不記得是哪位落語家（註 5-3）說的了，「牛排和豬排是勝利之後才吃的食物」。（高三・大分）

註 5-2　在日語中，牛排和「敵人」的發音相近，豬排和「勝利」的發音相同，因此在比賽或者考試前有很多人都會吃這兩種食物（或者只吃一種），討個「戰勝敵人」、「獲得勝利」的好彩頭。──譯者注
註 5-3　落語的表演者。落語類似單口相聲。──編者注

我認為，以上這位同學說的內容基本正確，但最好事先確認一下在考試中是否允許嚼口香糖。另外，蔗糖並不是由「兩個葡萄糖分子」組成的，嚴格來說，是由「一個果糖分子和一個葡萄糖分子」組成的。果糖被身體吸收後，馬上能轉化為人腦的營養源——葡萄糖。

葡萄糖

生活中有非常多喜歡吃甜食的人，其中既有只吃豆沙包就覺得很幸福的人，也有在晚餐吃飽喝足後還能吃得下蛋糕的人。大家周圍應該也有這樣的人吧？

所謂的「三大營養素」，就是指蛋白質、碳水化合物和脂肪。它們對於人體而言都非常重要，但神經元只能吸收「葡萄糖」，也就是糖分和碳水化合物。腦是人體最重要的組織，所以一直被我們的身體嚴密地保護著，以免其受到有毒物質的侵害。哪怕只帶有一點危險性的物質都無法進入人腦，甚至連蛋白質和脂肪也不能輕易闖關。也就是說，人腦自己所選擇的安全營養素就是「葡萄糖」。

看到這兒大家應該已經明白了吧？補充葡萄糖能讓腦活躍起來。雖然曾經有研究人員否認了這一事實，但是透過我所屬的研究室的進一步確認，葡萄糖確實可以活躍腦。

有人喜歡在休息時喝咖啡。咖啡的確是一種能使腦興奮的、神奇的嗜好品，不過如果在喝咖啡的時候加一點砂糖，效果可能會更好。順便說一下，有人認為砂糖會使人發胖，其實未必如此。

發胖的原因並不一定在於高卡路里，很多時候也許是因為脂肪的攝取量超標。即使正在減肥，我們也可以適量吃點砂糖。

　　有人圖吉利，會在考試當天的早上吃豬排，因為在日語中「豬排」的發音和「勝利」是相同的。豬排是肉，其實也就是蛋白質，所以其能量並不能馬上為人腦所用。相比豬排，或許吃米飯、麵包或者薯類等碳水化合物的人會比較幸運呢。

5-6 用「反省」代替「後悔」

▶ 大腦的記憶會隨機應變

大腦的記憶本質就在於它的「模糊不清」，我們從狗的學習實驗中可以看出這一點，因為狗並沒有區分出圓形和三角形。

但是換一個角度來看，這也可以解釋為「因為沒有必要所以不進行區分」。與電腦不同，腦在學習時採用「排除法」，也就是說，狗在學習過程中並沒有學習「排除三角形」這種情況。

如果像電腦那樣只記住正確答案，那麼一開始三角形就不在識別的範圍內，所以即使電視螢幕上出現了三角形，也會被電腦忽略掉。

電腦工作起來可謂無比準確，處理資訊不會出現任何錯誤。但是說得難聽一些，電腦其實就是頑固不化、不懂變通，完全照本宣科。

試想，如果遇到「不吃東西就會死」這種近乎走投無路的危險狀況，那麼利用狗的記憶方法就可以得到食物，而要

是利用電腦的記憶方法，到最後就只能餓死了。

想必大家已經明白了吧？雖然記憶模糊不清，但這樣的「模糊」對生存卻有實質上的意義，因為我們的生存環境時時刻刻都在發生複雜的變化。

動物為了在不斷變化的環境中生存下來，必須依靠過去的「記憶」，還要根據情況隨機應變，做出各種各樣的判斷。完全相同的狀況一般不會發生第二次。在不斷變化的環境中，準確無比的記憶反而會成為無法被有效利用、沒有意義的知識。

所以，相較於嚴密性，記憶更需要「模糊」和「靈活性」，而且恰到好處的「模糊」尤為重要。多虧了這樣的靈活性，我們才能從反覆的失敗中吸取經驗，最終走向成功，這正是大腦值得我們尊敬的一點。

▷ 人腦本來就會忘記

為了記住「相似的事物」，需要逐一排除「不相似的事物」。大腦之所以採用這種繁瑣的排除法，原因就在於此。

所以，大家完全沒有必要因為自己的記憶不精準而悶悶不樂，因為人腦的機制原本就是這樣，總有一部分記憶是模糊不清的。正如作家普希金所言：「失敗之前無所謂高手，

在失敗面前，誰都是凡人。」無論鑽研什麼學問，我們都絕不可能避免失敗。哪怕我已經研究了二十年的腦科學，現在每天也還是在不斷地經歷失敗。

失敗並不可恥，我們沒有必要過度懼怕失敗。失敗之後，重要的不是「後悔」，而是「反省」。

失敗是人之常事。

—— 伏爾泰（作家）

記憶有時會變得模糊不清，有時甚至會消失不見，這是大腦的特性，某種程度上我們無法改變這個事實。如果腦像電腦那樣，能準確無比地記住所有資訊，那麼它是無法發揮出其應有的實際作用的。

「記憶準確且不會忘記的腦才是優秀的腦」，這種觀點不過是對大腦的一種誤解。人類本來就常常忘記或者出錯，正是為了彌補這一點，所以才發明了電腦。

人類的長處恰恰是擁有缺點。

—— 猶太人的格言

「開頭努力」與「結尾努力」

　　大家的注意力大約能集中多久時間呢？大部分人應該都是
30 ～ 60 分鐘吧？在上課或者考試時，一旦超過這個時間，無法
繼續集中注意力也是理所當然的。

　　我們都知道，當人做一件事時，注意力一般會在開頭和結尾
比較集中，因此分別稱其為「開頭努力」和「結尾努力」。舉例
來說，考生往往在考試剛開始時能集中精神答題，在考試馬上要
結束的時候答題效率也會提高。但在考試到一半時注意力卻很容
易中斷，一不留神還會浪費不少時間，這就是所謂的「中途鬆懈」
的現象。 一旦出現這種情形，成績恐怕就很難得到高分了。

　　避免「中途鬆懈」的方法之一，就是把考試的時間分成前、
後兩部分。例如，當考試時間為 60 分鐘時，我們可以想像前 30
分鐘一到考試就要結束了，而後 30 分鐘又是一場新的考試。這
樣一來，在整場考試中，「開頭努力」和「結尾努力」能各自發
揮兩次作用。平常考試開始後約 30 分鐘時，人會變得無法集中
注意力。假如這時「結尾努力」能發揮作用，那麼就能讓我們再
次集中注意力。並且，在後半部分剛開始，也就是剛經過 30 分

鐘的時候，因為「開頭努力」的作用，人的注意力也會很集中。
如果像這樣把考試的時間分割開來，注意力就能得到有效的分
配了。

時間是轉化為錢還是轉化為鉛，完全在於你如何利用它。
——普雷沃斯特（Guillaume Prévost，作家）

5-7 帶著長期計畫去學習

▶ 學習的進階，在於能否區分細微差別

　　我在前文中提過，腦的記憶是模糊而隨意的。那麼，狗是不是永遠都區分不出電視螢幕中出現的圓形和三角形呢？

　　當然不是，狗能清楚地區分二者。那麼，怎樣才能讓狗學會區分呢？

　　答案很簡單，那就是只有在螢幕中出現圓形時才給狗食物。當然，在剛開始的時候，即使螢幕中出現了三角形，狗也很可能會按下按鈕，因為牠還沒理解到其學習的內容已經發生了變化。

　　經過反覆失敗，狗自然會注意到出現三角形時得不到食物，之後牠就會無視三角形，只在螢幕中出現圓形時做出反應。也就是說，狗能夠區分圓形和三角形了。

　　接著經過類似的訓練，狗還能進一步區分「圓形和四邊形」、「圓形和五邊形」，這就是循序漸進法。這樣一來，區分「圓」和「微妙的橢圓」也應該不在話下了。如果一開始就讓尚未掌握圖形串聯的狗去區分圓和橢圓，恐怕牠永遠

都無法發現這二者的差別吧。

這一點相當重要，因為區分不出大的差別就更無法區分出小的差別。哲學家培根曾這樣說：「人生如同道路。最近的捷徑通常是最壞的路。」

讓狗先學會區分圓形和三角形，雖然這看起來像是捨近求遠，但最後牠卻能更快地區分出圓和橢圓的差別。因為腦使用的是模糊的記憶方法，所以像這樣分階段、分步驟的學習是很有必要的。**要想理解細微的差別，重要的是先理解那些較大的差別。**

▷ 學習新事物，從大輪廓開始

這種方法也可以應用到學習過程中。當我們想要學習某一領域的知識時，最重要的是理解和把握知識的整體面貌。在剛開始的時候，可以先忽略細節，重點在把握全局，之後再一點點地記憶細節。總之，腦的記憶是模糊的，剛開始並不能區分出相似的事物。

比如，對西方繪畫不感興趣的人，看到哪幅油畫都覺得差不多。即使告訴他們這是文藝復興時期的油畫，那是印象派畫作，恐怕他們也完全看不出其中的差別。但是，如果一個人對油畫感興趣，那麼在仔細觀察油畫的過程中，他的眼

晴會慢慢地習慣，之後就能逐漸區分出文藝復興時期的油畫和印象派畫作了。經過進一步鑽研，他甚至可以區分出莫內、雷諾瓦和梵谷等印象派畫家之間的細微差別。

看棒球比賽也是如此。那些經常看球賽的人，在眼睛習慣後能逐漸區分出投手投出的是直球還是變化球。而那些連棒球都沒見過的人，恐怕不可能一下子就做出這樣的判斷。

這些事例無不說明，**我們並不是因為擁有優秀的大腦，才能區分出各種繪畫風格和投球類型間的細微差別，而是需要付出努力、接受相應訓練才能做到。按照從大到小的順序，經過有序的訓練，任何人都可以辨別出細微的差別。**

▷ 從大局出發，是遵循大腦的機制

學習也是如此。比如在鑽研日本史時，一開始就想把握某個特定時代的細節是不可行的，因為我們才剛剛開始學習，不可能馬上就理解這些小地方。舉例來說，如果我們不遵循這一原則，一上來就去學習平安時代的細節，那麼學到的只能是很淺顯的知識。脫離整體的片面資訊是無用的，而無用的資訊在不久後就會從頭腦中消失。

為了避免這樣的情況發生，我們首先要從大局出發，掌握從石器時代到現代的歷史整體面貌，把握其變遷的脈絡，

然後再逐漸深入地研究各個時期，而枝微末節的部分可以留到後面去學習。這種做法絕不是捨近求遠，而是一種遵從人腦性質的科學方法。

19 世紀的英國政治家迪斯雷利（Benjamin Disraeli）曾這樣說：「擁有開闊視野的人，小的失敗對他構不成威脅。」如果想讓有意義的記憶盡可能長時間地保存在大腦中，大家的注意力就不能只侷限於眼前的考試，而要以長遠的目光制訂符合自身情況的長期計畫，然後依照長期計畫去學習。

BGM（背景音樂）

　　大家會一邊聽音樂一邊學習嗎？「一心二用」的人往往會被別人瞧不起，但實際上，「一心二用」也並不一定就是壞事。首先，讓我們來詳細了解一下 BGM（back ground music，背景音樂）的效果吧。

　　在被隔音牆包圍的無聲空間中，動物一般無法集中注意力，學習能力也會立即出現一定程度的下降。如果周圍沒有任何若有似無、細小的雜音（BGM 或者雜訊），那麼包括人類在內，所有動物都難以充分發揮自己的能力。就像有些人在過於安靜的圖書館反而很難平靜下來一樣，這或許就是無聲效果造成的影響。

　　話雖如此，但我們也不能因此就不加考慮地任意播放BGM。誠然，BGM 的確可以緩解精神上的緊張和疲勞感，同時還能消減無聊感，特別是在進行重複性的工作時，BGM 可以使人集中注意力。但是當我們正在攻克難題、需要做出高難度的判斷時，BGM 反而會產生負面作用。

　　BGM 的效果因人而異。一般來說，BGM 對喜歡音樂的人能發揮積極的作用，但是對音樂的狂熱愛好者卻會起反效果，而

對於那些不關心音樂的人來說，BGM 基本上沒有任何作用。因此，大家最好先試一試，在進行比較單調的學習活動，例如背誦時播放一些 BGM，看看會對自己產生何種效果。

如果播放 BGM 後記憶力得到了明顯的提升，那麼就可以在下次學習相同內容時，播放相同的曲子。像這樣，在形成條件反射之後，這首曲子就有可能幫助我們在考試中回憶起相應的知識點。大家不妨試試利用 BGM 來輔助學習。

5-8　先擴大擅長科目的優勢

▷ 精髓相通，知識就可以得到應用

透過狗的學習實驗，我們從多個側面探索了腦的性質。而透過研究動物腦的隱藏性質，我想大家應該都能確實地感受到人腦的本質了吧。

在本章的最後一節，讓我們再來進一步拓展這個實驗的內容。如果仔細觀察可以區分圓形和橢圓形的狗，我們還能發現一些更有趣的事。

在能夠區分出圓和橢圓之後，狗很快就學會了區分正方形和長方形。也就是說，一旦開始注意到某種圖形的細節部分，狗就可以透過觀察細節部分來區分其他不同的圖形了。這也是腦的重要性質之一。

這樣說來，人類也是如此。擅長棒球的人能很快學會壘球，英語好的人學法語會很輕鬆。一旦掌握了對某一領域知識的理解方法，就能幫助理解其他領域的知識。學習也是一樣。如果能夠掌握某一問題的解法，那麼在以後遇到類似的問題時，就可以跨學科應用這種解法了。

總之，確實掌握靈活應用知識的能力十分重要。正因為腦使用的是排除法，我們才能具有這樣的能力。這種方法實質上就是一種保留事物本質（精髓）的策略。因此，只要精髓相通，知識就可以得到應用，而電腦是很難具備這種高難度適應能力的。

▶ 人腦會記住理解事物的法則

　　從這種現象中我們可以看出，腦在記憶時不僅會記憶事物本身，同時還會記住對該事物的「理解方法」，然後再利用這種理解方法，去發現潛藏在不同事物之間的「法則」和「共同點」，這樣就能更快、更深刻地理解其他事物了（註5-4）。

　　對於學習而言，這一點非常重要。學會了一種事物也就相當於擁有學習其他事物的基礎能力，這是多麼方便啊！我們將這種現象稱為「學習遷移」。

　　更重要的是，學習的水準越高，遷移的效果就越好。也就是說，記憶的東西越多，腦就越靈光。和使用時間越長越

註 5-4　Tse, D., Takeuchi, T., Kakeyama, M., Kajii, Y., Okuno, H., Tohyama, C., Bito, H., Morris, R. G. Schema-dependent gene activation and memory encoding in neocortex. *Science* 333, 891-895 (2011).

容易故障的電腦不同，腦是一種越使用性能就越好的神奇學習裝置。

在學習時，一旦完全理解了某一學科的某一部分，那麼理解起該學科的其他部分也就變得簡單了，當然記憶也會更加準確。

我們在前面舉過學習日本史的例子。在掌握了歷史整體面貌的基礎上，首先要充分理解繩文時代的知識。這樣一來，我們理解平安時代的知識就會變得簡單很多。比起一開始就去了解平安時代，這種方法反而可以節省一些時間。此後，如果我們再去逐漸了解其他時代的文化，最終就能掌握日本歷史的全貌了。

如果能夠完全掌握日本史，那麼對世界史的學習也會變得簡單起來，甚至連語文、英語、數學等科目也會受到這種學習效果的積極影響。

▷ 專心研讀擅長的科目才是上上策

在連一門科目都學不好的人眼中，那些每科成績都很優秀的人簡直就是超級天才。其實，這只是各個科目的學習能力相互遷移的結果，絕不是因為他們天生聰明，**因為人的能力不僅僅是靠遺傳就能決定的**。

反過來說，大家只要擅長學習某個科目，那麼其他科目的成績也比較容易得到提高。從**長遠來看，與其在每門科目上都花費相同的時間，以期成績得到均等的提高，不如集中精力學習其中一門科目，並將其研究透徹，這樣的學習方法才是上策。**

在考試前，為了能及格，我們經常會傾注精力學習每一門科目。因為馬上要考試了，這也是沒有辦法的事情。不過在平時的學習過程中，我認為還是應該先集中時間學習一門科目並徹底掌握這門科目，這種學習方法會比較好。

想要擁有所有的人，最終也會失去所有。

—— 山名宗全（日本武將）

首先，不管具體是哪一科，總之要有一門擅長的科目。在有了一門不輸給任何人的擅長科目之後，再去挑戰其他科目的學習，這種學習方法從腦科學的角度來看是非常有效的。

各門科目的學習順序

　　有學長告訴我，在大學入學考試前要按照現代文→古文→數學→英語→理科綜合和社會科學的順序完成各門科目的學習。

　　這就意味著要儘早開始學習現代文和古文，才能在高二結束之前達到能參加考試的水準。英語則比較花費時間，因此從高一開始一直到考試前，都需要持續不斷地學習。

　　如果只要求數學成績達到能通過中心考試（註 5-5） 的水準，那麼只要把典型問題的解題方式背下來就可以了。但是這樣一來，如果遇到名校出的那種融合多個領域知識的問題，或者碰上從沒見過的非典型問題，那麼就難以解決了。因此，數學這一科的學習目標可以訂得比中心考試的水準稍高一些，一旦遇到難度高於這一水準的問題就乾脆直接放棄，爭取從其他科目上多得分。據說東京大學的文科類學院每年都會錄取個別數學零分的考生。相反地，對於數學成績稍微低一點就會影響錄取結果的人，便需要透徹地學習數學了。我們可以利用周末或者假期學習，不能只是簡單地死記答案、背誦公式，而是要不斷出錯、不斷嘗試，經歷一番苦戰才能拿到分數。

註 5-5　　日本的大學入學考試一般分為兩次。第一次是全國統一考試，名為「中心考試」，成績合格的人才能參加各大學自行辦理的第二次考試。各大學第二次考試的時間並不相同，所以考生可以同時報考不同的院校。──譯者注

至於理科綜合和社會科學，我們首先要調查目標院校的出題傾向和難易水準，鎖定學習範圍，在此基礎上掌握知識點間的因果關係、整體體系和學習順序，然後在整理要點的同時開展學習。在考試前的最後三個月則應該不斷地進行總複習，直到進入考場。（高二・福岡）

作者之見

　　這位同學應該是文科生吧？如果是的話，那麼這種「首先完成現代文、古文和英語這些擅長科目的學習，使其達到入學水準」的學習策略似乎還不錯。確保在早期階段學完重要科目非常關鍵，因為「學習遷移」的效果，不僅可以為其他科目的學習帶來積極影響，而且可以使人獲得精神上的安全感。如果臨近考試卻還不能完全掌握任一門科目，那麼考生就會開始焦慮，甚至還可能陷入無法專注於學習的惡性循環之中。

　　但是，過於清晰地劃定各個科目的學習順序也不一定妥當，因為即使某一門科目已經達到了能夠參加考試的水準，考生也還需繼續努力學習這門科目，這樣才能保持相應的學習水準。而且，人腦會在無意識中對各門科目進行串聯，以加深

相互之間的理解，所以完全獨立地學習各門科目也未必是一件好事。

　　另外，把理科綜合和社會科學等記憶量比較大的科目放到考前學習，這一點也有待商榷。臨近考試前記憶知識的效率的確會很高，但是在記憶量很大的情況下，這種做法會適得其反，因為會產生記憶干擾。往頭腦中硬塞知識會造成記憶的混亂和模糊，由此導致失敗的例子並不少。我建議大家要充分考慮到這些問題點，並在此基礎上制訂長期的學習計畫。

第 6 章

天才的記憶機制

導入了水母螢光
基因的發光神經元

6-1 改變記憶的方法

▷ 「經驗記憶」與「知識記憶」

本章將為大家講解記憶的種類和性質，讓我們一起透過記憶的各種特性，來學習人腦的「使用方法」吧。同時，我將在本章講述隱藏於人腦中、能充分調動記憶力的祕訣，這也正是我想透過本書強調的核心內容。

在這裡，我想先從一個實驗開始，以確認大家對於「記憶」的印象。那麼，請大家回憶一下自己「過去的記憶」。不管什麼事情都可以，麻煩具體地回憶一下。你們會想起些什麼呢？

・ 在上學途中摔倒並受了傷。
・ 在學校的考試中取得了好成績。
・ 沒有遵守與朋友的約定。
・ 被戀人甩了。

每個人都能想起很多事吧？而且如果繼續回憶下去的

話，應該還能想起更多，我們的記憶好像是無止境的。

當然，能想起來的具體內容因人而異，每個人都有各式各樣的記憶。只是不知大家注意到了沒有，我們現在能想起來的記憶都有一個重要的「共同點」。

那就是，它們都是自己親身經歷過或者體驗過的事情。

「什麼呀，這難道不是理所當然的嗎？」一定有人會這麼想吧。

事實上，應該說這是一個非常驚人的事實，因為除了這些事情以外，我們的頭腦中明明還存在著其他與之種類不同且數量龐大的記憶，比如三角形的面積公式、英文單字、圓周率、上學的路線、演員或歌手的名字，等等。

在我們的頭腦中充滿了五花八門的記憶，這些所謂的「知識」或「資訊」，都是在過去慢慢累積起來的。

但是，當我要求大家回憶過去的時候，雖然說過回憶起任何事情都可以，但是恐怕也沒有人會想起這樣的知識吧，例如「圓周率約是 3.14」什麼的，儘管這也屬於過去的記憶。

▷ 「經驗記憶」比較不容易忘記

雖然統稱為「記憶」，但記憶並不只有一種類型。簡單來說，它包含「能輕易想起來的記憶」和「不能輕易想起來

的記憶」。

　　這裡，我們將用術語來定義這兩種記憶。在本書中，我們將那些能輕易回想起來，也就是與自己過去的經驗相關的記憶稱為「經驗記憶」；與此相對，那些缺少契機就難以回想起來的知識或資訊類的記憶，我們稱之為「知識記憶」。

　　人家肯定有過「一時想不起來」的經驗吧。話明明已經到嘴邊了，但怎麼也想不起來。在這種情況下，想不起來的應該大多都是人或物的「名字」，也就是所謂的「知識記憶」。透過剛才的實驗我們知道，知識記憶是無法被輕易想起來的，喚醒它需要一定的條件，而當條件不充分時，想不起來也就沒什麼可奇怪的了。一時想不起某件事並不是失智症的前兆，這只是因為知識記憶本來就不太容易被想起來。

　　遺憾的是，為了應對學校的考試而必須要掌握的知識，基本都屬於知識記憶，如漢字的讀法、歷史年號、英文單字、將軍的名字，等等。如果條件不充分，知識記憶就無法被及時回想起來，所以我們在考試時才會感到焦慮。說到這裡，大家應該已經明白要怎樣學習才能應對考試了吧？

　　沒錯，重點就是要把考試內容作為經驗記憶而不是知識記憶。

　　我們不僅可以很輕易地想起經驗記憶，而且在記憶時也很輕鬆。大家想一想，我們是不是很容易就能記住和自己密

切相關的事呢？

　經驗記憶更好的一點是，它不容易被我們忘記。隨著時間的推移，我們也許無法立刻想起某些知識，卻仍然能比較清楚地記起經歷過的事。與知識記憶相比，經驗記憶真的好處多多。

戀愛期的腦

「我有些朋友的學習成績在談戀愛後馬上就下降了。這到底是談戀愛的錯呢，還是因為本人不夠努力？」

經常有人詢問我學習成績與談戀愛之間，到底存在怎樣的關係。不過大家有沒有思考過，為什麼人腦生來就具備「戀愛」等多種情感呢？

「戀愛」指被特定的異性所吸引時產生的情感。人一旦陷入戀愛，眼裡就再也容不下其他異性了。對此，儘管有人將這一現象，解釋成是自認為優秀的人想要繁衍子孫後代的意志展現，但實際上，我們還可以從不同的角度對此進行解釋。

世界上現存三十幾億與我們性別相反的人。我們不可能與所有的異性相遇，所以想從世界範圍內挑選出一位「真正」適合自己、獨一無二的異性是不可能的。也就是說，我們每個人都難逃這樣的命運：忍受在某種程度上還算讓我們滿意的愛人。明明在這個世界的某個地方，或許存在著更適合自己的人，現在卻不得不滿足於身邊的這一位。

能夠圓滿解決這種不合理狀況的就是「戀愛情感」，它會使

腦產生錯覺，覺得「自己不會再考慮其他人了」「這個人就是我的一切」，以此彌補我們在滿足感上的欠缺。實際上，等到戀愛情感冷淡下來，很多人甚至會驚訝於自己的愚蠢，感慨自己「當初為什麼會喜歡那樣的人」。

戀愛情感是透過 A10 和前額葉皮質的聯動作用產生的（註 6-1）。一旦發生聯動作用，人腦就會逐漸被戀愛對象占據，除了喜歡的人以外，其他事物都會被腦排除，就連在學校裡學習的知識也不例外。

　　德國詩人腓特烈・馮・洛根（Friedrich von Logan）曾寫道：「戀愛開始，智慧消失。」「戀愛」是人腦產生的一種巧妙機制，它可以讓人不再考慮除了戀愛對象以外的其他事情。所以從腦科學的角度來看，戀愛後成績下降也是很自然的事。

　　當然，因為想跟戀人考上同一所大學，互相鼓勵、刻苦學習，最終考上了之前完全考不上的、門檻很高的學校，這樣令人欣慰的例子雖然不多見，但是我也的確聽說過。所以，我們不能斷言戀愛在任何情況下都會對學習造成不好的影響。

註 6-1　Xu, X., *et al*. Reward and motivation systems: a brain mapping study of early-stage intense romantic love in Chinese participants. *Hum Brain Mapp* 32, 249-257 (2011).

6-2 聯想很重要

▷ 聯想記憶法

多次學習過同一本參考書的人，在考試時也許會像下面這樣回想起在參考書中出現的內容：「哦，那本參考書的某一章某一頁中，曾用圖例講解過這個部分啊。」大家也有過類似的經驗嗎？有時，與參考書毫無關係的事物，也會成為我們回憶的觸發條件，像是腦中會突然浮現出之前在念書時吃的零食袋子上的圖案，然後就會想起來：「對了，那時候我做過這道題。」

這種回憶方式看似偶然，實質上卻是一種利用經驗記憶的好方法。換句話說，**即使是單純的知識記憶，只要能與我們的個人資訊或者周圍環境相互串聯起來，其性質也會變得類似於經驗記憶。**

這種把想要記憶的內容與其他內容串聯在一起的方法，叫作「聯想記憶法」。我們可以把一個知識點想像成是一幢「房子」，而在房子之間修建道路就形成了知識的「社區」。

透過聯想將事物逐一串聯，使知識的內容變得更加豐

富——我們稱之為「精緻化」。「精緻化」這個詞稍微有點不好理解，簡單來說就是透過道路使多幢單獨的房子聯結成社區，再讓多個獨立的小社區聯結為城市。因此，這也可以說是「知識的城鎮化規劃」。

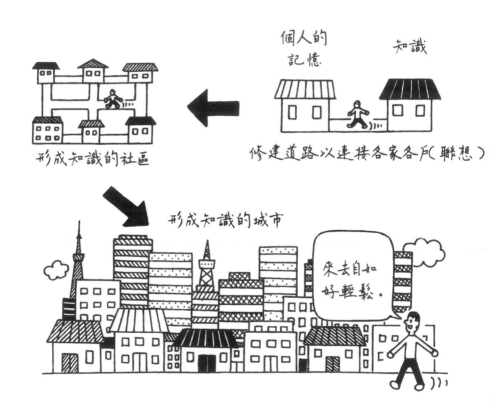

個人的記憶

知識

形成知識的社區

修建道路以連接各家各戶（聯想）

形成知識的城市

來去自如好輕鬆。

請大家注意，這裡的重點在於精緻化能串聯起各種事物，並且能讓我們更加容易地回想起這些事物來。

　　這是因為「回憶」這種行為，就像是住在「知識城市」裡的人想去拜訪朋友（想要想起來的知識），交通越發達，到達朋友家的方式就越多。也就是說，回憶會變得比較容易。

　　知識記憶和經驗記憶的區別就在於此，這也類似於窮鄉僻壤和大城市間的差異。偏遠地區交通不發達，即使有路也不好走，所以很難到達目的地。這也正是知識記憶不容易被人想起來的原因之一。

　　經驗記憶是由很多記憶組合而成（細緻稠密的道路網）。即便是像「今天早上吃了煎蛋」這樣簡單的經驗記憶，也是由「煎蛋的味道、氣味、顏色，吃煎蛋時餐桌的擺設、坐在椅子上的感覺，一家人圍著餐桌吃飯時談話的內容」等眾多難以逐一解析的元素交織而成的，「資訊大城市」的串聯程度更可想而知。因此，我們很容易想起經驗記憶也是理所當然的。

　　經驗記憶的這一優點，完全可以應用在學習中。**哪怕只是為了記住一件事，也應該把這件事和其他事盡可能地串聯起來。串聯得越多，我們就越容易想起它來。**即使想起這件事需要一個偶然的條件，透過串聯相關資訊想起它的機率也會提高很多。

這樣說來，大家在背英文單字的時候不要死記硬背，而是應該結合用法或例句去背，如果可以的話，最好也記住字源，這樣形成的記憶才更容易被我們運用。我們要儘量有意識地讓記憶精緻化。

▷ 諧音記憶法

「諧音記憶法」是一種常用的記憶精緻化的方法。儘管有些人認為利用諧音記憶屬於「邪門歪道」，但從腦科學的角度來看，它是非常有效的。換句話說，對於人腦而言，它是一種負擔比較小的記憶方法。所以請大家不要擔心，光明正大地使用諧音記憶法去背誦吧。如果因為在意別人的目光，覺得難為情而放棄諧音記憶法的話，就意味著失去了一個難得的、可以輕鬆記憶的機會。

另外，在使用諧音記憶法的時候，不僅要記住詞彙的音律、節奏、規則，「想像」詞彙表達出的涵義也很重要。比如用「山巔一寺一壺酒，爾樂，苦煞吾……」來記憶圓周率3.14159 26 535…… 的時候，我們可以在腦海中想像文字所描繪出的情境。這樣一來，記憶就會更加精緻化，其效果也會進一步加強。

想像力比知識更重要。

　　　　　　　　　　　　　——愛因斯坦（科學家）

　　此外，「想像」這種行為還可以強烈地刺激海馬迴（註
6-2），也就是說它具有精緻化和活躍海馬迴這兩個優點。越
充分地發揮自己的想像力，記憶就越能長時間地保留下來。

要想順利地發揮想像，最好的方法就是自己創作用於記憶的諧音，因為創作過程本身就是一種「經驗記憶」，所以自然就能想像出諧音文字所描繪的情境來。

　　當然，即使不使用諧音記憶法，聯想也很重要。只是在這種情況下，與單純地把知識或資訊串聯起來相比，我們更需要充分發揮自己的想像力，讓知識的內容更加豐富。

　　如果條件允許，大家最好能結合自己的實際經驗記憶，這樣效果會更好。自己的經驗與記憶串聯得越多，記憶就越接近經驗記憶。

　　接下來，我將向大家進一步介紹能夠形成經驗記憶的方法。

註62　Maguire, E. A. & Hassabis, D. Role of the hippocampus in imagination and future thinking. *Proc Natl Acad Sci USA* 108, E39 (2011).

大人們基本都忘了在學校學過的知識

　　我問我父親幾個關於複數的簡單問題，但他完全答不出來；要問我母親二次方程式的解法，卻發現她連只需要進行簡單計算的鹽水類（濃度）應用題都不會做。他們甚至還這樣為自己開脫：「只要會加減法就行了，除法什麼的在畢業以後就用不到了。」

　　國家的教育部門，為什麼不能讓不喜歡數學的人不學數學呢？畢竟在現實中有超過半數的大人，他們的數學水準和我父母差不多。對此，我的老師這樣回答：「比起掌握這些數學知識，更重要的是在學習數學的過程中，能逐漸培養一個人的邏輯思維能力。」

　　這樣說來，我哥哥做的那些公務員考試的試題集中就有推理題。數學題的類型一般都比較單一，而推理題卻沒那麼簡單。如果學校乾脆不開設數學課，而是教大家怎麼做推理題，這樣如何呢？我覺得即使是討厭學習數學的人，也能因此掌握邏輯思維的能力。（高二‧愛知）

作者之見

其實大家可以想像一下，如果學校真的強制學生做推理題，那麼到頭來，學生們也還是會像討厭數學一樣厭惡推理題。舉例來說，即使是我們特別喜歡的電視遊戲，一旦被編入學校的課程且每周都安排考試，恐怕大家都恨不得馬上扔掉遊戲機吧。其實，無論學習什麼內容都一樣，問題不在於數學本身，「被強制學習」才是關鍵所在。

基於現實情況而言，從長遠來看，如果想要培養自己的邏輯思維能力，與其只做推理題，還不如學習經過兩千多年歷史錘鍊的、已經形成完美體系的數學更加行之有效。即便我們將來還是會忘記複數和鹽水類問題的解法，這兩種方法在效率上的差距也還是非常明顯的。大家到了一定的年紀以後，就能認清這個事實了。現在還無法接受這個解釋的人，就當作是我在騙你們吧（笑）。放心，不會有什麼損失的。

6-3 向別人講述學到的知識

▶ 講述是最大的輸出

你想記住哪些資訊，就把哪些資訊講給自己的朋友或者家人聽——這就是形成經驗記憶最簡單的方法。一旦輸出了自己已經記住的資訊，各方面的關鍵字就會串聯起來，記憶也能因此實現精緻化（註 6-3）。

經驗記憶形成後，我們能在需要這些資訊時想起「那時我講過這些內容哦」「我當時是一邊畫圖一邊講的呢」等經歷，它們會成為引發經驗記憶的條件，讓我們可以在以後輕鬆地回憶起當時所講的內容。

有些人總想把自己看到的電視節目或者雜誌上的內容，馬上講給別人聽，有時甚至自鳴得意，彷彿他講的東西別人都不知道一樣。這樣做或許會給周圍的人帶來困擾，但他們自己卻能在多次向他人講述的過程中，真正記住那些內容。博學的人幾乎毫無例外，都是在平時就有強烈的講述欲望。

註 6-3　Pyc, M. A. & Rawson, K. A. Why testing improves memory: mediator e ectiveness hypothesis. *Science* 330, 335 (2010).

透過向他人講述，可以掌握許多不同領域的知識。

當然，除了這些「雜學」，大家也要試著多向朋友或者父母，說說我們在上課時學到的內容，這樣一來，剛剛學會的知識就可以慢慢地滲入腦中。就像第 2 章中講過的那樣，相對於輸入，人腦更重視輸出，而「講述」就是最大的「輸出」策略。

向人講述的好處不止於此，它還可以幫助我們確認，自己是否能夠充分理解那些剛剛記住的內容，或者有沒有什麼弄錯了的地方。因為要是連自己都做不到準確理解，那麼就無法向別人講述了。

而且，在我們向別人講述的過程中，還可以再次確認自己是否真正理解了這部分內容、理解到了哪種程度，以及進一步確認自己還沒理解哪些部分。

因此，我們最好要選擇一些不懂所講內容的人，作為講述的對象，比如爺爺奶奶、弟弟妹妹或者學弟學妹，這樣效果會比較好。在我們身邊其實有很多可以作為講述對象的人，但假如你無論如何都不好意思對著別人講，那就對著布偶玩具講吧，這也是一種方法。

　　雖然「經驗記憶法」看起來像是萬能的，但遺憾的是它也有缺點，那就是經驗記憶會逐漸轉化成知識記憶。即使是好不容易才形成的經驗記憶，如果我們置之不理，那麼在記憶中帶入的體驗感就會慢慢弱化，終有一天會轉化為知識記憶。倘若道路荒廢、無人使用，再大的城市也會逐漸蕭條破敗，變成窮鄉僻壤。假使情況進一步惡化，這座城市說不定會變成一座廢墟。

　　其實仔細想一想，無論什麼知識，在一開始的時候，應該都是由某種經驗累積而來，只是經驗的本質會隨著時間的流逝而逐漸淡化，最終轉變為純粹的知識。

　　因此，經驗記憶會在不知不覺中變成單純的知識記憶，所以即使遇到很簡單的問題，我們也很有可能在考試時，突然想不起答案是什麼。

　　當然，這些記憶仍然保存在大腦中，只是因為它們已經轉變成了知識記憶，所以如果沒有足夠的條件，我們是想不起它們的。這樣一來，這些記憶也就沒有什麼意義了，畢竟從考試分數上來看，「想不起來」就相當於「沒有學會」。

　　無論一座大城市曾經多麼宏偉輝煌，如果道路無人使用，那麼這座城市最終也難逃雜草叢生、破敗荒廢的命運。所以，

我們要試著經常向別人講述那些必須能隨時想起來的重要知識，透過自己的不斷努力，讓它們重新轉化為經驗記憶。

選擇參考書的要點

　　說到我在選擇參考書時的要點……其實主要就是買圖多的。還有，各級標題都最好很大、很清晰，因為這能方便我在頭腦中梳理知識體系。另外，分段比較多的書也不錯。

　　我還會認真地看一下內容。如果是那種不說明理由，只會說「這裡會出題，所以要記住」，而且也沒有詳細參考答案的書，我就不買。最後，我會讀一下「前言」，如果能從中受到鼓勵，那麼即使這本書比其他書貴了一點，我也會把它買下來。（高一‧北海道）

 作者之見

　　選擇參考書時，自己的「感覺」非常重要。

　　有些人會將「圖多」作為重要的選擇標準。一般來說，圖不僅可以幫助我們理解書中的內容，還能讓這些內容在腦中固定下來。如果在學習時只有文字說明，人會相對缺乏想像力，而圖正好可以彌補文字的缺點。

想讓圖產生更大的效果,重點在於要把圖放在視野的左側。人更容易記住位於視野左側的內容,這大概是右腦在發揮作用。相反地,讀到或者聽到的,那些和「語言」相關的內容,則似乎是從右耳進入人腦並由左腦來記憶。如果參考書連這些細節都考慮到了,那就更好了。

　　正如這位同學提到的那樣,參考書的標題是否清晰也至關重要。分類較為系統的知識讓人比較容易理解,而且我們在掌握了這些知識以後,不僅可以透過標題中的關鍵字,輕鬆地回憶起相應的知識點,還能比較方便地運用它們。最後,如果參考書上沒有清晰地標明出題依據或參考答案,而只寫出了最終結果,那麼就不能稱之為「參考書」了,我們只要在臨近考試前,用總結知識重點的書來梳理知識點就好了。

6-4 聲音、聽覺與記憶

▶ 運用耳朵的記憶力比眼睛好

在上一小節中我們說過，「向他人講述」是形成經驗記憶最快的捷徑，而「講述」有益於記憶的理由不止於此，因為人在講述時一定會發出聲音。

大家知道嗎？使用耳朵學習要比使用眼睛學習效率更高，比如別人說過的一些傷害我們的話，會一直留在我們的心裡。透過耳朵獲得的記憶是非常牢固的。

祕密就在於腦的演化過程。在動物漫長的演化過程中，視覺的高度發展是發生在相對近期的事情。實際上，雖然鼠、狗和貓等動物的視覺不及人類，但其聽覺卻很發達，可以分辨出從遠方傳來的微弱聲音。也就是說，在漫長的進化過程中，哺乳類動物更依賴耳朵而不是眼睛來生存。

在前文中我們還提到，腦並非專為人類而生，現在的人腦是在動物的演化過程中逐漸發展形成的。雖然現今人腦在日常生活中主要依賴「視覺」進行記憶，但它仍然明顯殘留著原始動物的特徵，人類能透過聽覺記憶也恰巧證明了這一

點。演化的歷史有多長，聽覺記憶就有多牢固。

　　大家現在也應該還會唱小時候學過的歌曲吧？像《兩隻老虎》和《小毛驢》這樣的兒歌，我們甚至能跟著旋律想起歌詞。

　　歌詞明明應該屬於知識記憶，我們卻能輕鬆地回想起來。但是，如果不跟著旋律只回憶歌詞，那可能就有點兒費勁了。這就是聽覺記憶的魔法。

　　記歌詞也是一樣的原理。如果只依靠視覺，即只用眼睛看歌詞來記憶，那麼必然會花費很多時間。而如果能跟著旋律唱出聲來，那麼記歌詞就相對輕鬆多了。

　　現在大家能理解，調動聽覺記憶的方法是多麼有利了吧？請在學習的時候多多利用耳朵吧，不要只用眼睛去記憶。

▷ 動筆寫、出聲讀……靈活運用其他感覺器官

　　當然，並不是說只使用眼睛和耳朵學習就足夠了，人的身體還有很多其他的感覺器官，我們最好能儘量靈活使用它們。請大家記住，學習時一定要動筆寫、出聲讀，透過反覆輸出知識來加強記憶。

　　譬如在一個記憶漢字的實驗中，如果我們在測試時把參

與者的手固定起來，讓它不能自由活動，那麼參與者的測試分數就會下降。由以上實驗結果可知，人的記憶和身體是密切相關的。**最大限度地調動手、眼、耳等感覺器官以充分刺激海馬迴，這不失為一條學習的捷徑。**

現在有些單字書會把關鍵字印刷成紅色，然後隨書附贈一塊紅色的透明塑膠薄板，這樣一來，當塑膠板覆蓋在書上時，紅色的單字就會消失不見，人就可以利用這一原理背誦單字了。但是，這種方法很容易讓學習變成只透過看，即只依賴於視覺的行為。像這樣的參考書，大家最多在臨近考試前用它回顧重點知識就行了。

小矮人

　　大腦是一個使用頻率越高、性能就越好的神奇器官,因此,我們最好在日常生活中儘量使用腦。不過,鍛鍊大腦不等於不顧一切地胡亂使用腦,我們需要使用更高效的鍛鍊方法。請大家先看一看下圖中這個奇怪的「人」。這個人偶呈現的是控制人體各部分的神經元在人腦中所占的比例,我們稱它為「小矮人」(homunculus)。小矮人的手指和舌頭很壯碩,手腕、腿和軀幹卻骨瘦如柴,這意味著人腦對來自手指和舌頭的資訊非常敏感。實際上,有人甚至認為人類指尖的感受能力,可以與貓敏感的鬍鬚媲美。

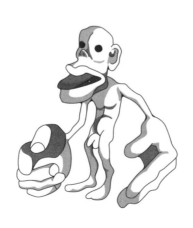

反過來看，「使用手指」也是一種有效刺激人腦的方法。我們只要在平時稍加留意，就可以完成指尖運動，也不會花費太多時間。在學習時除了要用眼睛看，還要動筆寫，其重要性已無須多言。此外，在上學途中空手做一做手指操，或者培養做針線活、演奏樂器以及打字之類的興趣等，只要肯動腦筋，我們在任何時候都可以刺激大腦。

也許有人擔心這樣做，會因過度用腦而導致腦疲勞。實際上，大腦是不會感到疲勞的。如果大家在學習的時候感覺累，那麼恐怕不是因為腦，而是因為眼睛或肩膀等身體部位感到疲勞了。

為什麼這麼說呢？人腦的機制決定了它即使不分晝夜地一直工作，也不會筋疲力盡。這是理所當然的，因為人腦一旦休息了，就連我們的呼吸也會跟著停止。腦非常堅韌，即使一生不停地工作也不會感到疲憊，它原本就是被大自然這樣設計出來的。因此，大家也不要有所顧慮了，讓我們不斷地刺激它吧。

我們的人生隨我們花費多少努力而具有多少價值。

——莫里亞克（François Mauriac，作家）

不過，儘管人腦不會感到疲勞，由眼睛產生的疲勞感卻會擴展到頭部、肩頸和腰部等部位，所以必須儘早採取措施。據美國指壓療法的研究者指出，用兩根大拇指按壓眼部內側的凹陷並向上推，是一種比較有效的、能消除眼睛疲勞的方法，或者用攝氏 40 度左右的物體熱敷眼睛 15 秒，也能達到不錯的效果。

　　此外，在缺乏維生素 B 群和維生素 C 的狀態下，眼睛也容易感到疲勞，所以大家一定要注意保持營養的均衡。

6-5 理解記憶的種類和年齡的關係

▷ 方法記憶：需經過實踐才能得到的記憶

在前文中，我曾向大家介紹過「知識記憶」和「經驗記憶」這兩種記憶。難道在我們的頭腦中只存在這兩種記憶嗎？當然不是，還有另外一種記憶也很重要。大家知道是什麼嗎？

這種記憶就是關於「方法」的記憶，比如怎麼騎自行車、怎麼穿衣服等，也就是做某件事的「順序」和「做法」。可能有人一時無法理解，為什麼方法和技能這類資訊也屬於人腦記憶的一部分呢？剛出生的嬰兒根本不會騎自行車，騎自行車的方法，肯定是人在出生以後，透過向別人學習才能掌握的。也就是說，是人「記住」了騎車的方法。這麼一想大家應該就能明白了。我們把這種類型的記憶稱為「方法記憶」。

知識記憶和經驗記憶是「用頭腦記住的記憶」，而方法記憶則可以說是「用身體記住的記憶」。當然，方法記憶實際上也是由人腦而並非人體記憶的，這無須多言。雖然運動

員們常常說「我的肌肉已經熟記了動作」，但這只是一種比喻，因為肌肉沒有記憶力。

知識記憶和經驗記憶可以用「What is」來說明，相對地，方法記憶則可以說是關於「How to」的記憶。也就是說，知識記憶和經驗記憶可以透過語言向他人傳達，而方法記憶卻是一種難以用語言說明、甚至完全無法說明的記憶類型。比如，我們再怎麼細緻地研究滑雪圖書或教材，都必須親自嘗試滑雪才能學會。所謂的**「方法記憶」，就是必須要透過實踐才能掌握的記憶。**

▶ 方法記憶的 2 大要點

方法記憶有兩個重要的特徵。

第一，它是在不知不覺（無意識）中形成的記憶。滑雪的方法是我們在多次滑雪的過程中，自然而然地掌握的。正因為如此，我們才說它是「用身體記住的記憶」。

第二，方法記憶非常牢固，難以遺忘。像是，即便我們多年不騎車或不打撲克牌，在必要時也能自然而然地想起騎車的方法或者打牌的規則等。但相對地，因為方法記憶太過牢固，有時也會對人產生一些不利影響，比如我們在運動時養成某種壞習慣，那麼將來要改正它是非常困難的。

　　好了，現在記憶「三兄弟」已經全都到齊了（註6-4）。老大是方法記憶，老二是知識記憶，老三是經驗記憶。

　　這三兄弟的地位並不平等，它們有上下等級之分。如下圖所示，最下面的一層是方法記憶，中間的一層是知識記憶，最上面的一層是經驗記憶，我稱之為「記憶三兄弟的金字塔結構」。層級越靠下，記憶就越原始，其對於生命存續的意義也就越重要。而越靠上的層級就越是得到了高度發展，並

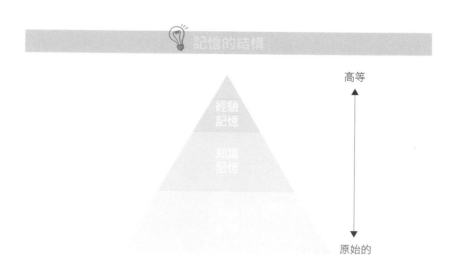

Tulving, E. Multiple memory systems and consciousness. *Hum Neurobiol* 6, 67-80 (1987).

具有豐富內容的記憶。

　　這一結構也同樣適用於動物的演化過程。在演化方面，越是古老的原始動物，它們的方法記憶（三兄弟中的老大）就越發達；相反地，越是高等動物，其位於上層的記憶就越發達。毋庸置疑，人類與其他動物相比，自然是位於金字塔頂端經驗記憶的能力比較高，甚至有些研究人員認為只有人類才擁有「經驗記憶」（註 6-5）。

▶▷ 不同的年齡層擅長的記憶法

　　這個金字塔結構還可以應用在人類的成長過程中。隨著嬰兒逐漸成長為大人，最早開始形成的是原始的方法記憶，接下來是知識記憶，最後才是經驗記憶。

　　想必大家都注意到了，從出生後到三、四歲左右，我們幾乎沒有關於這段時間的記憶。其實這也是情理之中的事，因為在我們剛出生後不久的這段時間裡，經驗記憶還沒有形成，所以那些與我們自己相關的記憶自然留存不下來。但在此時，方法記憶已經逐漸開始形成，因此我們才能掌握爬行和走路等「用身體記住的方法」。等到再稍長一些，知識記

註 6-5　Roberts, W. A., *et al*. Episodic-like memory in rats: is it based on when or how long ago? *Science* 320, 113-115 (2008).

憶開始形成，我們就能慢慢學會說話。但是，經驗記憶卻要在人類成長過程中很晚的階段才開始形成，所以小時候自己在什麼時間做了什麼事情這樣的記憶，當然是留存不下來的。

實際上，在上國中之前，我們都是知識記憶比較發達，而一旦過了這個年紀，就是經驗記憶占優勢了。

比如現在的小學，老師會在孩子們 10 歲之前教他們九九乘法表，目的就在於充分調動孩子們發達的知識記憶，讓他們牢記這些基礎知識。這個年齡層的孩子雖然理解不了比較難的邏輯，但是在文字的排列、繪畫以及音樂方面，往往能夠發揮出超強的記憶能力，像小學生記憶動漫人物和遊戲角色的能力就著實令人驚嘆。這種能力會在迎來第二性徵發育期的國高中時期衰退，而腦也會逐漸開始重視經驗記憶。

獨家閱讀法

在閱讀有一定分量的圖書時，想必很多人都會在自己覺得重要的地方畫線，或者用螢光筆做標記。我也經常這樣做。此外，我還會在書的封面背後，按順序列出自己總結的重點，比如「P23形成記憶的是海馬迴」或者「P35從知識記憶到經驗記憶」等。這是不是有點像狗在陌生的環境中會撒尿做記號呢？讀到一半左右，書的內容可能會逐漸變得複雜起來，或者我會忘記前面講的內容，這時再往下讀就有點費勁了，所以我會把寫在封面背後的重點內容，從上到下複習一遍。這樣我就可以釐清敘事的脈絡，繼續讀下去了。

在讀完整本書之後，哪怕已經過了一段時間，如果想引用這本書中的某些內容，或者重新讀一讀這本書裡的某一部分，這樣的筆記也能派上用場。請大家一定要嘗試一下。不過，如果書是從圖書館借來的，那就不要這樣做了。（高二‧奈良）

作者之見

　　這正是一種活用傳統讀書技巧的閱讀方法。

　　從書中挑選出關鍵字，這種做法可以在腦中畫出一張資訊「地圖」，是一種能高效掌握圖書內容的方法（註6-6）。透過使用這種方法，我們可以確認自己是否準確理解了書中的內容、是否還有模糊不清的地方，從這個角度來看，它也是一種複習方法。說起「閱讀」，人們往往認為只要用眼睛就能完成，而這位同學卻能轉換思維，想到一邊用手「輸出」一邊閱讀，實在是很不錯。

註 6-6　Nesbit, J. C. & Adesope, O.O. Learning With concept and knowledge maps: a meta-analysis. *Rev Educ Res* 76, 413-448 (2006).

6-6 根據階段改變學習方法

▷ 記憶模式不是一成不變

由前文可知，記憶的類型會隨著年齡而發生變化。也就是說，每個年齡階段都有該階段所擅長的記憶類型。

這也意味著，我們在學習時，最好能選擇與所處年齡層相匹配的學習方法。例如，在國中時期的前半段，當人的知識記憶還比較發達的時候，只要把考試範圍內的知識「死記硬背」下來，就足以應付考試，雖然很耗費精力，但好歹能過關。但是進入後半段，也就是備戰高中入學考試的時期，經驗記憶開始逐漸占據優勢，此時仍然採用之前那種毫無章法的死記硬背法，是行不通的。

如果沒注意到自己的腦已經發生了重大的變化，只是一味憑藉以前的「光榮歷史」，繼續採用相同的學習方法，那麼我們就會逐漸感覺自己的能力達到了極限。

此外，這些人還會感嘆自己的記憶力下降了不少，覺得「再也不能像以前那樣輕鬆地記住知識點了」，其實這只是因為記憶的類型發生了變化。如果我們不能盡早認清這一事

實，就很有可能跟不上學校的教學進度，成績也會有落於人後的危險。

有些人上小學時明明成績很好，但到了國高中階段成績卻開始急劇下降，原因很有可能是他們並沒有採取相應的措施，以應對自己記憶類型的變化。

因此，充分了解自己的記憶習慣，並能隨機應變、採取合適的應對措施，這一點非常重要。畢竟誰都不想被別人說「過了二十歲就只是個凡人了」（註 6-7）。

▷ 死記硬背不是有效的學習法

相反地，有些人到了國高中以後成績才開始突飛猛進。不論他們本人是否清晰地認識到這一點，但可以肯定的是，這些人很早就察覺到自己記憶類型的變化，並採取了合適的學習方法，正因如此，他們的成績才會提升得這麼顯著。

進入國高中階段，與死記硬背的記憶方法相比，更重視原理和邏輯的經驗記憶會逐漸占據優勢。經驗記憶需要人具備充分理解事物並掌握其原理的能力，因此學習方法也要進行相應的調整，死記硬背顯然是行不通的。一旦進入高中階段，死記硬背就再也算不上是一種有效的學習方法了。

註 6-7　出自日本的一句諺語：十歲時是神童，十五歲時是才子，過了二十歲就只是個凡人了。——譯者注

當然，死記硬背本來就有重大缺陷，因為人透過這種方法記住的知識很有限，應用範圍同樣有限。反過來說，如果能透過邏輯和原理記住知識，那麼就可以將知識應用到其他具有相同邏輯和原理的事物上。即使記憶的總量相同，相較於透過死記硬背獲得的記憶，邏輯層面的記憶也可以更廣泛地發揮作用。也就是說，經驗記憶的應用範圍比較廣。

所以，上了國中以後，大家應該儘早捨棄依賴於知識記憶的學習方法。英國詩人愛德華‧楊（Edward Young）曾說過：「拖延是時間的小偷。」如果目光總是停留在過去，總覺得自己還能靠死記硬背的方法取得好成績，那麼將來可能會輸得很慘。

經驗談 14

透過分析字源背英文單字

有些人覺得透過分析字源背英文單字能記得很牢，而且在遇到不認識的單字時，也可以推測出是什麼意思，可謂一石二鳥。但我卻從來不思考英文單字的組成原理，反而覺得依靠反射神經一個一個地背單字更適合自己。雖然單字書中不僅列出了例句，還附送了 CD 等，但我一直都無視這些內容。結果就是，讓我翻譯英文倒沒什麼問題，但我卻怎麼都寫不好英文作文。

比如，我記得 abandon 有「丟棄」的意思，但前段時間我在寫作文時，用 abandon 表達「丟垃圾」的「丟」，就被老師扣了分。我聽說到了大學，不認識的單字會越來越多，還會要求用英文寫作，這真是讓人沮喪。（高三‧秋田）

作者之見

如果你真的能透過死記硬背的方法記住單字，那麼這種方法倒也不是不能用。不過需要注意的是，一般來說，死記硬背是一種不利於知識應用的記憶方法，因為透過這種方法累積下來的知識，並沒有在神經網路中形成有機的串聯，可以說這是一種「地

廣人稀」式的記憶。而且，透過死記硬背記住的知識很容易變得模糊不清，這會導致我們在考試時因疏忽大意而出錯。更為重要的是，這樣背下來的知識忘得也非常快。

實際上，英文單字本身幾乎沒有什麼意義，只有用在文章或者對話中時才有意義。這一點非常重要，從以上這位同學不擅長寫英文作文的事實中也可以看出這一點。不僅是單字，在英文中文法（也就是原理）也非常重要，因為單字的意思會根據前後語境的不同而發生變化。

從廣義上來説，「字源」也是一種原理。如果知道單字的由來，那麼即使是第一次見到的單字，在很多情況下我們也可以推測出它們的意思。這就相當於我們具備了能掌握大量單字的能力，今後只要努力地應用這種能力就可以了。要認真將腦中已經累積起來的知識縱橫相連，並不斷豐富它們的內容。如果在記住字源的基礎上再掌握文法，應該就可以把英文變成自己擅長的科目了。

6-7 方法記憶的魔力

　　從這裡開始直到本書的最後，我將對「方法記憶」進行詳細說明。方法記憶非常深奧，它又被稱為「魔法記憶」。如果能夠有效利用方法記憶，它無疑會成為幫助大家學習的得力助手。

　　我在上一章向大家講解了「學習遷移」，即人一旦掌握了某一領域的知識，就能更輕鬆地理解其他領域的知識。實際上，這也是因為方法記憶將知識相互串聯而產生的結果。

　　無論什麼領域，我們要想學會該領域的某一部分內容，就不僅要學會這部分知識，還需要掌握理解該領域的方法。這種「理解方法」就是方法記憶。真正掌握某個領域，並非指僅學習了該領域的知識，而是自然而然地掌握了對該領域的「方法記憶」。正因為有方法記憶作為基礎，我們才能加深對其他領域的理解。比如，會打棒球的人已經掌握了打棒球的技巧和規則（即方法記憶），只要運用方法記憶就可以輕鬆地學會壘球。

　　我們在前面提到過，方法記憶的產生和運用都是在不知不覺（無意識）中發生的，而且對「順序」的記憶自然又牢

固。其實說得更具體一些，知識或資訊都是透過有意識的學習累積起來的，而「理解方法」則是我們在無意識的狀態下記住的。

也就是說，方法記憶會自主工作、不以人的意志為轉移，所以才會常常在我們意想不到的地方發揮出超強的威力。

日本將棋或國際象棋的大師，可以在比賽後完全還原對局中的盤面。不僅如此，據說他們甚至能不出差錯地回想起過去幾十局比賽的棋譜。在外行人看來，這些職業棋手彷彿個個都是記憶天才。

的確，如果動用知識記憶，把「7四角、5三成步、6九銀」等棋步都硬背下來，那可真是太費勁了。可能有人會這樣反駁：「棋手們都親自參加了比賽，所以那些是經驗記憶而不是知識記憶。」大家說的沒錯，事實的確如此。只不過，除了親自參加過的比賽，哪怕是看了和自己毫無關係的其他人的比賽，大師們也能把所有的棋譜都輕鬆地記下來。只憑知識記憶就能做到這種程度，真的算是擁有超人記憶力了吧。

我們姑且不論知識記憶能力很發達的孩子們。就成年人而言，實際上沒有哪位大師能夠只憑知識記憶，就把這些棋譜全都記住的。

也就是說，大師們在記憶棋譜時，不僅使用了知識記憶和經驗記憶，還使用了方法記憶。他們會先把對局中出現的

9	8	7	6	5	4	3	2	1	
	逃						飛	圭	一
圭			歩	角	歩		王		二
圭		歩	香		歩		角		三
歩	銀		歩		歩	歩			四
			步					步	五
		步		步		步			六
步		桂	金	銀	步		步		七
	飛					玉	角		八
香					金		桂	香	九

9	8	7	6	5	4	3	2	1	
歩	圭		歩					王	一
步	桂							圭	二
			歩	歩	歩			桂	三
		角	飛			歩			四
玉	步				圭				五
香	步			歩	角		歩		六
	步		步			步	金		七
香	角	步				歩	銀	歩	八
步	金	銀	步		歩	圭	圭	逃	九

盤面「模式化」，然後再進行記憶。也就是說，他們在無意之間，已經找到了對棋譜進行分類和分析的「規律性」。

　　關於這一點的證據就是，哪怕是大師，也不能完全記住在對局中出現的那些絕對不可能出現的模式（例如我這樣的外行人隨意擺出來的盤面），因為此時人是無法使用透過累積經驗而形成的方法記憶的。這樣一來，大師們驚人的記憶力也就與常人無異了。

　　由此可知，那些猛一看讓人以為是「天才般的能力」，其來源都來自於方法記憶。創造天才的正是方法記憶，這也是它被稱為「魔法記憶」的原因。

　　擅長數學的人，常說他們在考試時是靠直覺來解題的，但只靠偶然閃現的直覺，根本無法保持良好成績。只有準確

理解問題的內容，並把問題的模式類型化，才能出現正確的直覺。即使是驚人的數學發想思維能力，其背後也一定有可靠的方法記憶在發揮作用。

　　要想累積方法記憶，不知要經歷多少煩惱、解決多少問題才能完成。一個從來不學習、只顧悠閒度日的人，直覺是不會在必要的時候，突然出現在他的頭腦中的。

竟然不能去師資優秀的補習學校!?

　　越是好的補習學校就越有優秀的老師。所謂優秀的老師，就是為了讓我們考上目標學校，而教導我們高效解題方法的人。

　　但是，對我來說，如果老師一直都是詳細具體地把內容提前「灌輸」給我，我反而會覺得不安，會擔心自己在進入大學之後，還能不能有自主學習的能力。其實仔細想想，上小學、國中和高中的時候，如果對學校老師的教學方法不滿意，那麼去上補習班或者補習學校就好了。在那裡有專業的老師授課，他們會仔細研究我們需要學習哪些知識，並且能把這些知識清晰易懂地教給我們。大學裡的教授雖然也都是優秀的研究人員，但是聽說在「教學生」這件事情上，有的人還不如國高中的老師，或者說這些人原本就對「教學生」不感興趣。

　　所以我想，在進入大學之前，不僅要掌握能夠通過考試的知識，是不是還必須掌握一套適用於自己的學習方法呢？這麼一想我又覺得，似乎不應該去師資優秀的補習學校上課了。

　　但是到了高三，我實際去補習學校上了課，老師們教給學生的並不是能得高分的小聰明、小花招，這讓我很驚訝。我從教數學的長岡老師那裡學到了推論的嚴謹性，從教現代文的出口老師那裡學到了人類深奧的思想。我開始覺得，也許補習學校的作

用，正在於讓後來者儘早地繼承先賢所開創的世界觀和方法論，並在其基礎上進行進一步的累積。（高三‧埼玉）

 作者之見

其實我常常收到類似的諮詢。大學是教育機構，同時也是學術研究資訊的傳遞機構，因此大學老師並不是因為喜歡教書，或者擅長教書而去當老師的，可能有很多剛進入大學的同學，會對此感到十分困惑。不管怎樣，從小學到高中的被動學習和進入大學後的自主學習，在性質上都可以說是截然不同的。

但是，如果因此就決定「為了上大學以後的學習考慮，我不能去師資優秀的補習學校」，那就過於武斷了。相信這位同學已經注意到了，現實其實正好相反，我們不能被表面的效果蒙蔽了雙眼。跟隨優秀的老師學習，就能掌握適用於各種情況的解決方法，因此完全沒有必要對未來感到不安。

此外，並不是只有那些能將高效的學習方法傳授給我們的人，才算是優秀的老師。這一點很難一概而論，大家只能自己去體會了。但是不管怎樣，懂得「什麼樣的老師才是好老師」，並不是一件沒有意義的事情。我常常遇到一些在進入大學之後，學

習能力明顯提升的學生，對此他們這樣解釋道：「因為我在國高中的時候遇到了優秀的老師。」我認為，能遇到優秀的老師是一件非常幸福的事。

6-8 會「膨脹」的記憶方法

▷ 背誦不如活用

這裡也就不隱瞞了，我雖然正在寫關於「記憶」的書，但其實卻幾乎不會背九九乘法表。真的沒有騙大家，我現在能記住的其實只有「二二得四」、「二三得六」、「二四得八」這三句口訣。

常常有人問我為什麼不會背九九乘法表。原因很簡單，因為我在上小學時很討厭學習，當然那個時候的成績也總是比較後面。但是，即使不會背九九乘法表，我現在也沒有什麼困擾。實際上，我在高中階段也沒上過補習班，而是自己規劃考大學前的複習，並最終以應屆的身分考上了東京大學理科一類。進入大學以後也沒有落於人後，不僅以第一名的成績考入藥學部，而且在東京大學的研究所考試中也排名第一。

那麼，像我這樣連九九乘法表都沒記住的人，考試成績為什麼能比那些牢記九九乘法表的人更優秀呢？接下來，我就把其中的祕訣教給大家，因為這是任何人都可以做到的。

這個祕訣就是「方法記憶」。

換句話說，我沒有去背九九乘法表，取而代之的是掌握了「九九乘法口訣的計算方法」。

我們以「6 × 8」為例。我雖然不知道「6 × 8」在九九乘法表裡是怎麼背的，但在這裡不需要動用知識記憶，因為我可以瞬間得出答案，就像下面這樣。

$$
\begin{array}{r}
60 \\
-\ \ 12 \\
\hline
48
\end{array}
$$

或者像下面這樣也可以。大家知道這兩種演算法是什麼原理嗎？

$$
\begin{array}{r}
40 \\
+\ \ \ 8 \\
\hline
48
\end{array}
$$

我腦中只有 3 種處理數字的方法，它們分別是「10 倍」、「2 倍」和「1/2」。只要理解這 3 種方法，就可以得出九九乘法表中所有算式的答案，而且是在瞬間就可以得到。

說得更具體一點，其實這 3 種方法與「乘以 10」「乘以 2」和「除以 2」完全不同。這裡不必去做乘法和除法，需

要的只是一些對數字的簡單操作，比如把數字翻幾倍或者減半，或是在數字後面加上 0 或去掉 0。

如果使用這樣的方法，那麼「6 × 8」就可以進行如下計算。

$$6 \times 8$$
$$= 6 \times (10 - 2)$$
$$= 6 \times 10 - 6 \times 2$$
$$= 60 - 12$$
$$= 48$$

或者像下面這樣計算。

$$6 \times 8$$
$$= (5 + 1) \times 8$$
$$= (10 \div 2 + 1) \times 8$$
$$= 10 \times 8 \div 2 + 1 \times 8$$
$$= 40 + 8$$
$$= 48$$

方法記憶就像是記住了從事物中提取出的精髓。如果能夠靈活應用這一方法，那麼就完全沒有必要背誦九九乘法表的 81 個算式，我們只要記住前面的 3 個法則就好了。只靠

這 3 個法則，就能像使用 九九乘法表一樣迅速得出正確答案。「方法記憶」真是一種節省能量的記憶方法。

此外我還想強調的一點是，如果使用這 3 個法則，那麼即使是像「23 × 16」這樣的兩位數乘法，也可以進行如下計算，得出答案的速度，也和使用九九乘法表的速度一樣，說不定還要更快些。

$$23 \times 16$$
$$= \quad 23 \times (10 + 6)$$
$$= \quad 23 \times (10 + 10 \div 2 + 1)$$
$$= \quad 23 \times 10 + 23 \times 10 \div 2 + 23$$
$$= \quad 230 + 115 + 23$$
$$= \quad 368$$

大家明白了嗎？背下來的「九九乘法表」屬於知識記憶，只在「九九」的範圍內有效，而方法記憶卻可以應用到其他所有具有相同邏輯的計算中。

▷ 理解原理遠勝「背多分」

方法記憶是一種會膨脹的記憶，與死記硬背的記憶方法相比， 它的記憶量很少，而且不容易被人忘記。我認為，不

使用方法記憶的人真的很吃虧。

比如，我在上學時幾乎沒背誦過數學和理工類科目的公式，這些公式都是在考試時當場推導出來的。大家可能會覺得這是在白費力氣，但是對於我來說，與其花時間記憶公式，還不如把這些時間用在其他的學習上呢。

實際上，與記憶公式本身（知識記憶）相比，那些記住公式推導方法（方法記憶）的人，才真正掌握了應用這些公式的能力，因為他們已經理解了這些公式的「原理」。

一般來說，不懂原理、只會死記硬背公式的人也不擅長用公式解題，這樣就浪費了寶貴的知識。我認為，無論學習什麼知識，重要的都是理解並掌握其背後的原理。

這一點不僅適用於理科科目，還適用於社會、語文和英語等科目。如果理解了歷史事實、世界各國的經濟狀況、時代背景和人們的思考方法等，我們應該就能注意到，其實有很多現象本質上都是互相串聯的。大家要試著慢慢地轉移學習的重心，儘量不要死記硬背，而是應該去理解知識的「背景理論」。

能記住很多東西也沒什麼值得驕傲的。我們要明白這一點：記憶量本身沒有任何意義，不能僅憑此就自我滿足。與之相比，記住知識的應用方法，即如何靈活應用腦中儲備的知識要重要得多。大家最好能改變自己的學習方法，爭取以

較少的記憶量獲得較大的記憶效果。

我們在前面提到過，天才擅長製造方法記憶。在我看來，所謂的「天才」，其實就是在記憶時懂得巧妙地使用方法記憶的人。我們每個人腦中的神經元，在性能上都沒有差異。更進一步來說，其實無論是人類、老鼠還是蟲子，幾乎都沒有差異。總之，腦的功效取決於對腦的使用方法，也就是和方法記憶密切相關。

所以，請儘量避免在知識記憶上浪費時間，把力氣用在方法記憶上吧。大家一定會對隱藏於自己體內的能力感到驚訝，日本發明家豐田佐吉也曾說：「一個人所做的事，只不過占了他所能做的百分之一而已」。

竟然有人很喜歡考試？

　　我很討厭考試，因為考試意味著要暴露自己的不足，還會被人為地劃分等級。如果沒有考試，不管是數學還是英語我都可能會很喜歡，而且最重要的是不會失去摯友。我從小學三年級開始就這麼覺得了，所以會在考試當天故意請假，或者幾乎交白卷。

　　但是最近，我喜歡的一個男孩子卻這樣説：「我很喜歡考試，因為它可以清楚地證明我曾經努力過。」的確，如果既沒有考試也沒有成績單，那麼我們就很難意識到自己的弱勢和優勢。但同時我還是希望，老師和父母不要從我們小時候開始，就把考試當作競爭的工具……（高一‧大阪）

作者之見

　　這的確是一個很麻煩的問題。我們都生活在自由社會，但卻不能誤解「自由」這個極具魅力的詞語的含義。自由並不代表「可以做任何事」「不受約束」。比如，我們不可以偷盜，更不可以殺人。「自由」這個詞，只要運用於社會之中，就同時也意味著

「責任」。 不理解其約束的人，恐怕連歌頌自由的自由都得不到。

　　學校教育的存在象徵著現代社會的「自由性」。但儘管如此，我們仍然不能隨意上自己喜歡的大學，或者只學習自己喜歡的科目。

　　而且理所當然的，還會出現為了推進平等和自由，需要將人們分類和區別對待的情況。例如在升學考試中，多數情況下都是透過考試成績來挑選學生的，這時考試就成為分類的標準之一。

　　但是，不只是學生和學校的老師，很多人都已經意識到，一個人的成績不好，並不代表他就是一個無用之人。專業棒球選手也是如此，打不出全壘打的人也並不一定是差勁的選手。能打出安打就挺好，擅於防守也不錯，控球能力超群或者作為捕手能夠精準地引導投手，能做到這些也很好……判斷選手優劣的標準應該有很多才對。

　　總之，他人總會以某種標準來判斷我們的優劣，這是無法避免的。雖然這種現象與自由相反，但從長遠來看，我們的「人性」並不只由學校考試來判斷，所以為什麼不能管理好自己的情緒，試著去努力學習呢？

我可以理解這位同學在考試當天故意請假或者想交白卷的心情，但是這樣做到頭來沒有任何益處，可以說這就是一種自命不凡的正義感，也是一種十分不可取的自我滿足。重要的是，我希望大家都能明白，這種反抗行為本身，甚至連對矛盾的抵抗都算不上。

　　人類要創造自己的命運，而不是迎接自己的命運。

　　　　　　　　——維爾曼（Otto Willmann，德國教育學家）

　　即使成績不好也要全力以赴，這才是對將來的自己有益的做法。就像這位同學提到的那樣，如果沒有考試，我們就意識不到自己的弱勢和優勢，而這也是考試的重要作用之一。

▶ 學習遷移具有「指標級的增長效果」

最後，我還想稍微說明一下和方法記憶有關的一個問題，那就是「人為什麼可以成為天才」。

首先來複習一下本書在前面所講的內容。假設我們已經記住了 A。與此同時，理解 A 的方法，即所謂的「方法記憶」，也在不知不覺中保存在我們的腦中。換句話說，記住了 A 就等同於 掌握了 A 和它的記憶方法。

當我們想記憶新的知識 B 時，A 的方法記憶會在無意識中輔助我們理解 B，這樣我們就可以更加簡單地學會 B 了，此乃「學習遷移」的效果。當然，與此同時，B 的方法記憶也會自動保存下來。

但是，人腦中產生的現象僅此而已嗎？

當然不是。實際上，B 的方法記憶會加深我們對先前已經學會的 A 的理解。也就是說，一旦記住了 A 和 B，那麼就會產生 4 種效果，即「A」「B」「根據 A 看到的 B」和「根據 B 看到的 A」。這之中既有「知識本身」，也有「知識間

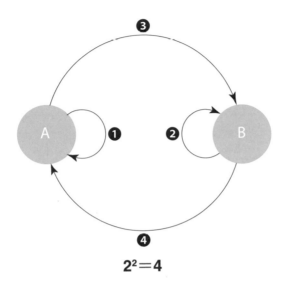

$$2^2 = 4$$

的聯想」。即使腦中只保存了兩部分內容,但在聯想效果的作用下會產生 4 種資訊,即 2 的平方。

可見,如果像這樣不斷地記憶新知識,記憶的效果就會呈現幾何級數式的增長。一般而言,學習遷移具有「指數級的增長效果」。也就是說,學習量和成績的關係並不是單純的比例關係,而是表現為一條幾何級數式的、急速上升的曲線,即成績會以類似於「1、2、4、8、16、……」的形式不斷提高。

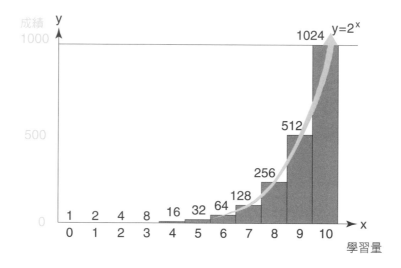

為了讓讀者確實感受到成績是如何飛速提高的，在這裡，我們先假設大家現在的成績是 1，而目標成績是 1000。

為了達成最終的學習目標，眾人開始拚命學習，努力將學習水準提升一級，這時的成績是 2。之後，如果繼續拚命學習下去，學習水準會再提升一級，這時的成績是 4。像這樣不斷地努力，學習效果持續累積，成績也會逐漸累加至 8、16、32。

但是猛然一想，自己都已經這麼努力了，現在的成績卻還只是 32。與 1000 的學習目標相比，這個成績就相當於只比起始處高了一點點而已。

恐怕很多人都會在此時感到煩惱，不明白為什麼自己明明已經這樣努力，成績卻還是沒有提高，或者懷疑自己是不是沒有才能。

然後這些人就會觀察周圍那些成績達到 1000 的人，並感嘆「真是比不上他們啊」「那些人都是天才吧」。很多人還可能會感到沮喪，覺得自己缺乏才能，因此放棄了努力。

其實，成績與才能無關，只要持之以恆地學習下去，任何人的成績都能得到顯著提升，從 64 到 128、256、512、……

實際上，只有在付出千辛萬苦的努力之後，我們才能看到明顯的學習效果，這就是學習和成績間關係的本質。很遺憾，學習效果或者學習能力並不會立刻顯現，它們會在某個時刻突然爆發出來。

只要稍加努力，成績很快就能從 32 變成 1024，這樣就能順利完成目標了。學習成績在第 5 級時只有 32（$= 2^5$），到第 10 級時卻能一口氣達到 1024（$= 2^{10}$），再稍微努力一下甚至可以提升到 2048。如果進入學習的第 20 級，那麼 2^{20} $= 1048576$，成績甚至可以超過 100 萬。

在那些付出了辛苦努力後成績才剛達到 32 的人看來，有 100 萬成績的人簡直就像是超級天才一樣。這正是學習乘法效應的展現。

這麼一想，我們會發現一個有趣的事實，那就是天才與天才之間的差距非常大。比如，1024 和 2048 分別是 2^{10} 和 2^{11}，雖然只差了一級，但成績的差距卻是巨大的。對於那些還在為只有 32 的成績而掙扎的人來說，這一差距是不可估量的。想必天才們也一定有著他們自己的煩惱吧。

如果繼續堅持學習，我們就會感到猶如眼前的迷霧突然散開一般茅塞頓開，這大概就是一種類似於「頓悟」的心境吧。這種現象表現出的正是「學習和成果的關係，呈現指數級增長」的事實。作家文森特曾說過：「如果沒有陰霾和暴風雨，也就不會有彩虹。」這句話完美道出了學習的核心。只有持續付出艱辛的努力，才能得到豐厚的回報。

的確如此。「持續努力」才是最重要的學習心得。雖然很難在短時間內看到結果，但是我們不能因此就輕言放棄，也沒有必要因為身邊存在天才就感到失落。單純地拿天才的能力和自己的能力相比毫無意義，因為努力和成果並不是呈比例關係，而是呈幾何級數的關係。

要堅信「我就是我」。即使現實與預期存在差距，只要繼續努力就一定會看到效果。腦的性質決定了它的成長模式

包含「暴風雨前的寧靜」和「突然的爆發」。即使現在還看不到效果，但是只要能持續用腦，腦的基礎能力就會得到穩步提高。

▶ 持續學習 3 個月脫胎換骨

現實中，從開始學習到出現效果，至少也需要 3 個月的時間。

假設一個人趁著放暑假，在朋友們都開心玩樂的七、八月份裡，每一天都鼓足幹勁，拚命地學習。然後他參加了九月份的開學模擬考試，勢必會對自己的成績抱有期待，認為「我都已經這麼努力學習了，成績肯定會有很大的提升吧」，但實際獲得的分數，很有可能和暑假前的差別不大。這樣一來，這個人一定會覺得非常失望，或許還會失去繼續學習的動力。

但是，在讀過本書學習了大腦的性質之後，大家就會覺得「只有兩個月而已，能出現效果才奇怪了」，然後就會繼續努力地學習下去。

請大家記住，暑假學習的效果，最早也要在秋天來臨後才能開始出現。對於在來年二月份要參加大學入學考試的學生來說，暑假恐怕就是最後的努力機會了，甚至都有可能來

不及。

　　要想獲得顯著的學習效果，那麼至少要從實現最終目標的前 1 年就開始學習。長期性的規劃非常重要，另外就是專心致志的努力了。大家不要因為不會立即見效就心灰意冷。每當感到學習很辛苦時，請回憶起「腦的機能是呈幾何級數增長的」這一事實，並不斷激勵自己「效果肯定會出現的，繼續努力吧！」

　　只要繼續心懷夢想，夢想就一定會實現。

── 歌德（作家）

應屆生的成績會在臨近考試前提升

　　距離大學入學考試越來越近，我卻總會在怎麼也解答不出報考院校的歷年考古題時焦躁起來。雖然老師說過，應屆生的成績往往會在臨近考試前迅速提升，但其實那也只是一種安慰吧。如果時間和實力的關係，用斜率較小的一次函數來表示，那麼在考試的幾天之前，成績就不可能超過最低錄取分數線。

　　更別說二次函數或者指數函數了⋯⋯我有時候甚至會覺得，時間和實力的關係，就像是函數 $y = a$ 那樣，這麼一想就更沒有幹勁了。再這樣下去，它們的關係會不會就變成斜率為負的一次函數，或者底小於 1 的指數函數了啊？（高三・青森）

 作者之見

　　正如這位同學的老師所說，很多應屆生的成績都會在臨近考試前迅速提升。但是大家需要注意，不學習是絕對不會產生這樣的效果的。就像前文中提到過的那樣，學習與效果的關係呈指數級增長，所以大家沒有必要根據當前時間和實力關係中的「斜率」

（微分係數）來預測未來，也沒有必要因此而感到失落，你們一定可以取得比預想的分數更高的成績。設學習時間為 t，那麼預想成績 s 和實際成績 S 的關係就如下所示。

當 $s = at$ 時，
$$d^2s/dt^2 = 0。$$

當 $S = A^t$ 時，
$$d^2S/dt^2 = (\log A)^2 A^t。$$

因此，如果 $A > 0$，下式一定成立，
$$d^2S/dt^2 > d^2s/dt^2。$$

所以，即使大家在模擬考試中得了 D 或者 E，也不能輕言放棄。

不過，學習效果（能力）呈指數級增長的事實也意味著，在真正的效果出現之前，我們需要等待一段時間。請大家記住，備考要儘早開始。

失敗並不等於結束，一旦放棄了才是真的結束。

——尼克森（美國前總統）

　　相信讀完本書的讀者都能確實體會到，透過了解人腦規則，的確可以發現高效的學習方法。或許有人會感慨「啊，要是當時我能這樣做就好了」，也會有人覺得「很好，一直以來我的學習方法都沒有錯」，他們終於為自己以前總覺得很不錯的學習方法找到了科學根據，從而變得更加自信。

　　然而，有些人也可能會感到失望，覺得這本書並沒有寫出什麼新穎的東西。這也沒關係。雖然很多人都想透過標新立異、與眾不同的言論來獲得更多的關注，但是本書的目的並不在於讓讀者感到驚奇。說到底，奇特的學習方法並不一定就是優秀的學習方法，反而是那些從過去流傳下來的「常識」卻意外地正確，因為「常識」是前人經過千辛萬苦的反覆試錯後才得出的實驗結果。我不想提出一些離奇古怪的新方法來譁眾取寵，而是真正想要試著從現代腦科學研究的角度出發，重新解釋過去的偉人們總結出來的經驗法則。

　　無論如何，如果各位讀者透過閱讀本書能有所收穫，那麼對於我而言就是莫大的成功了。

作為學生，大家每天都需要學習，甚至可以說生活的中心就是學習。但是，心中有沒有產生過下列疑問呢？

「這樣的學習模式究竟會對將來發揮什麼作用？」

即使記住了微積分的演算法、古文的語法等知識，這些知識對於我們的人生又有多大的意義呢？能讓實際生活發生變化嗎？能應用到工作中嗎？能讓自己出人頭地嗎？

有人提出這樣的疑問並不奇怪。實際上，我自己在日常生活中，連聯立方程式都沒有用過，微積分就更不用說了。即使不懂聯立方程式也能正常生活，那我們為什麼還要學習呢？

因為存在考試這種制度，所以沒辦法，必須得學習──或許有人會這樣說服自己。大學招生有人數限制，所以必須依照某種標準選拔學生，而考試成績就是標準之一，因此學習也是無法避免的──我們不能否認，在學校接受的教育的確具有這樣的一面。

但是，我們必須學習的理由難道只有這些嗎？

想必讀完本書的讀者都能明白，這樣的想法簡直太狹隘淺薄了。沒錯，我們從學校裡學到的不僅僅是「知識記憶」，還有「方法記憶」。

方法記憶是一種能夠造就天才的「魔法記憶」，是一種能夠讓人透過現象看本質，提高綜合理解能力、判斷能力和

應用能力的記憶。同時，它也是形成常識、培養直覺、使人熟練掌握某種知識等行為的基礎。

雖然在進入社會以後，從學校學到的知識記憶有很多都可能沒什麼用處了，但是那時學會的方法記憶，卻能為我們在今後人生中面臨各種境遇時，提供巨大的幫助。無論是社會、家庭、娛樂，還是工作和人際關係，方法記憶才是讓多面人生變得更加豐富多彩的源泉。

當然，即使不在學校接受教育，我們也可以學會方法記憶。不過，從小學到高中的一系列課程，都是被精心設計好的，由此制訂出的學習計畫，並非一朝一夕就能完成，這是在人類漫長的教育文化史中也少見、經過仔細推敲得來的東西。因此，與透過遊戲或玩耍隨隨便便地學習相比，在學校學習的效率更高。

大家可以回憶一下，自己為了學習騎自行車而反覆練習的情形。學習方法記憶時，「反覆的努力」和「毫不氣餒的毅力」不可或缺，而且一旦有努力和毅力相伴，能力就會呈現指數級增長。任何人的腦都可以產生這種效果，絕不是只有優秀的人才會這樣。

我相信，「能做到的人」和「做不到的人」之間的差別，不過是源於他們一開始在學習意願上，表現出的細微差別罷了。

透過研究動物的腦，我們經常可以發現一些有意思的事情。下面就讓我們來看一看由老鼠的鬍鬚引起的腦部反應吧（註 B）。在實驗中，當老鼠的鬍鬚碰觸到物體時，老鼠的腦神經活動就會被記錄下來。參與實驗的老鼠有時只會等待，有時則會主動用鬍鬚觸碰物品。在這兩種狀態下，鼠腦的反應截然不同。

　　與被動獲得資訊的時候相比，當老鼠主動打探消息時，鼠腦內的神經元要活躍 10 倍，並且即使鬍鬚碰到的是相同的物品，最終產生的結果也是一樣的。也就是說，腦會將積極獲取的資訊視為重要資訊。如果態度消極，那麼學習對腦產生的效果就會大打折扣，假如只剩下十分之一左右，那就真的太可惜了。

　　只要積極地持續努力，腦就不會背叛我們。這和無法預測成功或是失敗的「賭博」不同，是一定可以看到成果的。大家是不是覺得有信心了呢？越學習就越能確實體會到這一點。

　　我在學校念書時也想多花點時間在學習上，但是至今仍然常常後悔，覺得自己當初應該再多學習一些知識。希望大家都能努力學習，不要等到將來再像我這樣後悔。如果大家

註 B　　Krupa, D. J., Wiest, M. C., Shuler, M.G., Laubach, M. & Nicolelis, M. A. Layer-specific somatosensory cortical activation during active tactile discrimination. *Science* 304, 1989-1992 (2004).

希望進一步提升自己的水準，那麼就應該消除自卑感和自負感，認清現在的自己，把握好自己應該做什麼。

學習時間的長短並不重要，重要的是學習的意願和方法。我們要高效地學習並拚出成果，之後就可以把剩餘的時間用在做其他的事情上了。興趣愛好、自我鑽研、約會……做什麼都可以。衷心希望大家能好好利用時間，活在當下，活出屬於自己的多彩人生。

趁著燈芯還在燃燒，去享受人生吧；趁著花兒還在綻放，去把它摘下吧。──烏斯特里（詩人）

國家圖書館出版品預行編目資料

考試腦科學 / 池谷裕二作 . -- 初版 . -- 新北市：幸福文化出版社出版：
遠足文化事業股份有限公司發行 , 2023.02
　　面 ;　　公分
譯自：受験脳の作り方
ISBN 978-626-7184-23-3(平裝)
1.CST: 學習方法 2.CST: 健腦法

521.1   111012991

考試腦科學

受験脳の作り方

作　　者：池谷裕二
封面插畫：寄藤文平
內頁插畫：中村隆
譯　　者：高宇涵
責任編輯：林麗文
文字校對：羅煥耿
封面設計：比比司工作室
內文設計：王氏研創藝術有限公司

總　編　輯：林麗文
副　總　編：梁淑玲、黃佳燕
主　　　編：高佩琳、賴秉薇、蕭歆儀
行銷企畫：林彥伶、朱妍靜

社　　　長：郭重興
發　行　人：曾大福
出　　　版：幸福文化／遠足文化事業股份有限公司
地　　　址：231 新北市新店區民權路 108-3 號 8 樓
網　　　址：https://www.facebook.com/happinessbookrep/
電　　　話：(02) 2218-1417
傳　　　真：(02) 2218-8057

發　　　行：遠足文化事業股份有限公司
地　　　址：231 新北市新店區民權路 108-2 號 9 樓
電　　　話：(02) 2218-1417
傳　　　真：(02) 2218-1142
電　　　郵：service@bookrep.com.tw
郵撥帳號：19504465
客服電話：0800-221-029
網　　　址：www.bookrep.com.tw

法律顧問：華洋法律事務所　蘇文生律師
印　　　刷：通南印刷有限公司
電　　　話：(02) 2221-3532
初版一刷：2023 年 2 月
定　　　價：380 元